W0236128

Kohlhammer

Brennpunkt Politik

Herausgegeben von Martin Große Hüttmann, Gisela Riescher, Reinhold Weber und Hans-Georg Wehling

Die Herausgeber:
Martin Große Hüttmann lehrt als Akademischer Oberrat Europapolitik am Institut für Politikwissenschaft der Universität Tübingen, Professorin Dr. Gisela Riescher lehrt Politische Theorie cn der Universität Freiburg, Dr. Reinhold Weber ist Publikationsreferent bei der Landeszentrale Baden-Württemberg und Lehrbeauftragter an der Universität Tübingen und Professor Dr. Hans-Georg Wehling lehrt Politische Wissenschaft an der Universität Tübingen.

Frank Decker

Parteien und Parteiensystem in der Bundesrepublik Deutschland

Verlag W. Kohlhammer

Alle Rechte vorbehalten
© 2011 W. Kohlhammer GmbH Stuttgart
Umschlag: Gestaltungskonzept Peter Horlacher
Gesamtherstellung:
W. Kohlhammer Druckerei GmbH + Co. KG, Stuttgart
Printed in Germany
ISBN: 978-3-17-021493-4

Inhalt

1 Begriffliche Grundlagen und Funktionsanalyse der Parteien

Das Studium von Parteien und Parteiensystemen gehört von jeher zu den faszinierendsten Gebieten der politikwissenschaftlichen Regierungslehre. Der Grund dafür liegt nicht allein im gewaltigen Einfluss, den die Parteien auf das politische Geschehen ausüben. Ein solcher Einfluss geht in der Bundesrepublik auch von anderen Institutionen und Akteuren aus – seien es Regierungen, Parlamente, Verwaltungen, Interessengruppen, supranationale Einrichtungen, Verfassungsgerichte oder Notenbanken. Was die Parteien von diesen unterscheidet und sie zu einer „ubiquitären", also allgegenwärtigen Erscheinung macht, ist ihr Querschnittscharakter:

- Die politologischen Lehrbücher betrachten Parteien nach wie vor als die klassischen Vermittlungsinstanzen zwischen Gesellschaft und Staat und schreiben ihnen eine führende Rolle im Willensbildungsprozess und bei der Elitenrekrutierung zu.
- Parteien begegnen uns an sämtlichen Schnittstellen des politischen Systems: Sie wirken in Parlamenten, in der Regierung, auf der lokalen und regionalen Ebene bis hin in die politikferneren Bereiche der Verwaltung, Rechtsprechung und öffentlichen Wirtschaft.
- Die verschiedenen Erscheinungsformen des Politischen werden von den Parteien exemplarisch verkörpert: Als Teile der Verfassungsstruktur (*polity*) formen sie handfeste politische Institutionen, als Akteure im Willensbildungsprozess sind sie die Träger des demokratischen Wettbewerbs (*politics*), als „*parties in government*" entscheiden und verfügen sie über politische Inhalte (*policies*).

Die politikwissenschaftliche Antwort auf diese Allgegenwart bestand in der Aufstellung immer ausgedehnterer Funktionenkataloge, entlang derer die Parteienanalyse betrieben wurde. Dass die Politologen ihrem Gegenstand damit gewissermaßen selbst auf den Leim gingen, sei nur am Rande vermerkt. Die Ausweitung der Funktionen der Parteien war kein naturgegebener Prozess, sondern wurde von den politischen Akteuren selbst betrieben. Symptomatisch für diesen Herrschaftsanspruch, durch den die Parteiendemokratie mehr und mehr zum Parteienstaat mutierte, ist die Entwicklung der gesetzlichen Grundlagen. Begnügte sich das Grundgesetz in Art. 21 noch damit, den Parteien eine allgemeine Mitwirkungsfunktion an der politischen Willensbildung zuzuschreiben, so postulierte das 1967 erlassene Parteiengesetz diese Funktion gleich „für alle Gebiete des öffentlichen Lebens". Länder wie Italien und Österreich sind in der parteienstaatlichen Transformation ihres politischen Systems noch sehr viel weiter gegangen.

Auch die politikwissenschaftlichen Funktionenkataloge haben durch ihre normative, von demokratietheoretischen Vorstellungen geleitete Aufladung den Blick auf die Wirklichkeit zuweilen getrübt. Bis heute krankt ein Großteil der Arbeiten über Parteien und Parteiensysteme daran, dass sie sich an einem demokratischen Leitbild orientieren, über das die Zeit längst hinweggegangen ist. Die Folgen waren voreilige Prognosen über den Niedergang der Parteien, die dem tatsächlichen Bild ihres Funktionenwandels nicht standhielten.

Begriff der Partei

Bemühen wir uns zunächst um einen Begriff der Partei. Nach der Legaldefinition des bundesdeutschen Parteiengesetzes ist diese durch folgende Wesensmerkmale bestimmt:

- Teilnahme an der politischen Willensbildung für den Bereich des Bundes oder eines Landes;
- Teilnahme an Bundes- oder Landeswahlen;
- Nachweis der Ernsthaftigkeit dieser Zielsetzung durch ein gewisses Ausmaß an Umfang und Festigkeit der Organisation, ein Mindestmaß an Mitgliedern und die Art und Weise des Auftretens in der Öffentlichkeit.

Das Problem dieser Definition besteht darin, dass sie von den gesellschaftlichen Entstehungsbedingungen der Parteien ebenso abstrahiert wie von ihrer besonderen Rolle im Verhältnis zur Gesellschaft und zum Staat. Damit kann sie das eigentliche Wesen der Partei nicht erfassen. Die Zahl der Autoren, die sich an einer solchen Bestimmung versucht haben, ist Legion. Unter den älteren Definitionen werden zwei als Klassiker immer wieder gerne zitiert. Die erste Definition stammt von Edmund Burke[1], der im Jahre 1770 formulierte:

„Eine Partei ist eine Vereinigung von Männern, die auf der Grundlage besonderer Prinzipien, in denen sie alle übereinstimmen, mit vereinten Kräften das nationale Interesse zu befördern bestrebt sind. Für mich ist es undenkbar, dass jemand, der an seine politischen Grundsätze glaubt oder ihnen eine Bedeutung beimisst, nicht auch nach Mitteln zu ihrer Realisierung Ausschau hält (...). Daher wird es jede honorige Gesinnungsgemeinschaft als ihr vordringlichstes Ziel ansehen, jede gerechte Methode anzuwenden, die Männern aus ihrer Mitte und mit ihrer Überzeugung die Chance verschafft, mit Hilfe der gesamten Macht und Autorität des Staates die gemeinsamen Pläne zu verwirklichen."

Die andere Definition stammt aus dem Jahre 1922 und wurde von dem deutschen Soziologen Max Weber[2] geprägt; sie lautet:

„Parteien sollen heißen auf (formal) freier Werbung beruhende Vergesellschaftungen mit dem Zweck, ihren Leitern innerhalb eines Verbandes Macht und ihren aktiven Teilnehmern dadurch (ideelle oder materielle) Chancen (der Durchsetzung von sachlichen Zielen oder der Erlangung von persönlichen Vorteilen oder beides) zuzuwenden. (...) Da wo die Leitung durch (formal) freie Wahl besetzt wird (...), sind sie primär Organisationen für die Werbung von Wahlstimmen."

Beide Definitionen enthalten Elemente, die auch für die heutigen Parteien noch charakteristisch sind. Dennoch können sie ihre Zeitgebundenheit nicht verleugnen: So fällt bei Burke die organisatorische Seite aus der Definition völlig heraus, während Weber den Machterwerb als Parteienzweck hypostasiert. Eine Definition der Partei, die die Entwicklungen im 20. Jahrhundert aufnimmt und auch heute noch zeitgemäß ist, hat Otto Stammer (1969: 812) entwickelt. Die moderne Partei kann danach

„angesehen werden als ein gesellschaftlicher Willensverband, der bestimmte, zumeist ideologische Zielsetzungen unter Berufung auf die Interessen von Bevölkerungsschichten im Wirkungsfeld des Staates vertritt. Sie ist ein mehr oder weniger straff organisierter Verband, der zur Verwirk-

---

1   Edmund Burke [1770], Thoughts on the Cause of the Present Discontents, abgedruckt in: Kurt Lenk/Franz Neumann (Hg.), Theorie und Soziologie der politischen Parteien, Neuwied/Berlin 1968, S. 6.

2   Max Weber [1922], Wirtschaft und Gesellschaft. Grundriss der verstehenden Soziologie, 4. Aufl., Tübingen 1956, S. 211.

lichung seiner Ziele Macht innerhalb und außerhalb des Staates anstrebt, der in gesellschaftlichen, ideologischen und politischen Beziehungen zu anderen Verbänden steht und dessen politische Wirksamkeit sich auf ein Parteiensystem bezieht und von unterschiedlichen Chancen der Teilnahme an der politischen Willensbildung innerhalb eines Staates abhängt."

Diese Begriffsbestimmung könnte man um viele ähnlich klingende Definitionen erweitern, die allerdings nichts Entscheidendes hinzufügten. Reduziert man die Definition Otto Stammers auf ihren Kern, dann sind es drei Elemente oder Begriffsmerkmale, die das Wesen einer Partei ausmachen:

- Es handelt sich um einen mehr oder weniger fest gefügten (= organisierten) Personenverband;
- diese Personen vertreten gemeinsame politische Ansichten und Interessen;
- ihr Ziel ist die Beteiligung an der staatlichen Herrschaft (= Erringung von Regierungsmacht).

Ausgehend von dieser Begriffsbestimmung haben wir es bei der Parteienanalyse folglich mit drei Betrachtungsebenen zu tun, die sich laut Richard Stöss (1983: 26) „teils ergänzen, teils überschneiden, teils widersprechen. Diese Betrachtungsebenen bilden ein Schema, das in der Literatur (…) durchgängig erkennbar ist: Parteien werden in ihrer Beziehung zur sozialen Basis bzw. zum Volk schlechthin, in ihrer Beziehung zu (zumeist staatlichen) Herrschaftsverhältnissen und in ihrer Eigenschaft als Organisation analysiert und beurteilt."

Typologische Merkmale

Der Allgemeinbegriff lässt bewusst offen, wie die Beziehungen der Partei zum Volk und zum Staat beschaffen sind und welche konkrete Form ihre Organisation annimmt. Damit bietet sie eine Grundlage für weitergehende typologische Differenzierungen. Manfred G. Schmidt (2010: 578) hat in einem einschlägigen Handbuchartikel nicht weniger als acht solcher Differenzierungen aufgeführt; dazu gehören — als die wichtigsten — die Unterscheidung der Parteien nach

- Regimetypen (demokratische vs. Staats- oder Einheitsparteien),
- Organisationsstruktur (Honoratioren-, Massenintegrations- oder Kaderparteien),

- Struktur der Anhängerschaft (ständische, Klassen- oder Volksparteien),
- Stellung im System (loyale vs. Anti-System-Parteien) sowie
- politisch-ideologischer Zugehörigkeit (konservative, liberale, sozialistische bzw. Rechts-, Mitte- oder Linksparteien).

Auch diese Merkmale lassen sich bei genauerer Betrachtung noch weiter reduzieren. Die Differenzierung nach Regimetypen ist entbehrlich, weil die Funktionen von Parteien in autoritären oder totalitären Systemen grundsätzlich andere sind als in demokratischen Systemen. Schon vom Begriff her stellt die Gleichsetzung von Partei mit „Einheits- oder Staatspartei" einen Widerspruch in sich dar, impliziert doch die ursprüngliche Wortbedeutung (*pars*), dass es sich stets um den Teil eines größeren Ganzen handelt. Bezogen auf demokratische politische Systeme macht eine politikwissenschaftliche Betrachtung wiederum nur dann Sinn, wenn die Parteien als interagierende Akteure aufgefasst werden. Parteienanalyse und die Analyse von Parteiensystemen sind mit anderen Worten zwei Seiten einer Medaille.

Ist Punkt eins also ganz verzichtbar, so können die Punkte vier und fünf zu einem gemeinsamen Unterscheidungsmerkmal zusammengefasst werden. Das Spektrum ideologischer Positionen würde dann von den extrem rechten (= faschistischen oder nationalistischen) bis hin zu den extrem linken (= kommunistischen) Vertretern reichen. Dass zwischen den gemäßigten und extremen Positionen innerhalb einer Richtung (also z. B. zwischen konservativen und faschistischen Parteien) größere ideologische Unterschiede bestehen als zwischen den gemäßigten Vertretern verschiedener Richtungen (also z. B. zwischen Christ- und Sozialdemokratie), steht dem nicht entgegen.

Gehen die Richtungsmerkmale in der ideologischen Zugehörigkeit auf, stellt sich freilich die Frage, ob das Kriterium nicht in anderer Hinsicht einer zusätzlichen Differenzierung bedarf, nämlich dahingehend, welche Bedeutung die Parteien den ideologischen Vorstellungen in Abwägung mit anderen Zielen tatsächlich zumessen. Der norwegische Politikwissenschaftler Kaare Strøm (1990) hat mit *votes, office* und *policy* drei Ziele von Parteien benannt: das Werben um Stimmen, das Streben nach Regierungsmacht und die politische Gestaltung. Es liegt auf der Hand, dass die meisten Parteien alle drei Ziele gleichzeitig verfolgen. Einerseits sind diese eng aufeinander bezogen: So wie der Wahlerfolg Voraussetzung ist, um Regierungsmacht zu erlangen, so gibt einem erst die Regierungsmacht die Möglichkeit, die eigenen politikinhaltlichen Ziele durchzusetzen. Andererseits stehen sie in einem Spannungsverhältnis zueinander, das je nach Partei oder Zeitpunkt unterschiedliche Prioritäten bedingt. Welchem Ziel der Vorzug gebührt, ist dabei aber nicht immer leicht zu erkennen. Nur die wenigsten Parteien würden ja offen zugeben, dass ihnen Stimmenmaximierung und Ämterbesetzung wichtiger sind als die Umsetzung der eigenen politischen Ideale.

Eine ähnlich gehaltene Unterscheidung hat der niederländische Parteienforscher Paul Lucardie (2000) eingeführt, der bezogen auf die dominanten Ziele drei Typen von Parteien identifiziert. Auf der einen Seite stünden die *Propheten*, denen die Reinheit der eigenen Ideologie und das Festhalten an den Idealen im Zweifel wichtiger sei als die Erlangung politischer Macht. Sie verträten in der Regel eine geschlossene Weltanschauung mit extremistischen oder fundamentalistischen Zügen. Den Gegenpol zu den Propheten bildeten die *Pragmatiker*, denen es vor allem auf die „Sache" ankomme. Die Vertreter dieser Gruppe passten ihre Positionen rasch an wechselnde Umstände und Machtgelegenheiten an, was einen konsequenten Verzicht auf jeglichen ideologischen Überbau voraussetze. In den Mittelpunkt ihrer Politik rückten stets die Interessen der von ihnen bevorzugt vertretenen Wähler. Eine mittlere Linie verfolgten demgegenüber die sogenannten „*Ideologiehüter*". Diese würden sich zwar bestimmten ideologischen Zielen und Wertvorstellungen verschreiben, die sie aber über die Zeit weiterentwickelten und in der Praxis flexibel handhabten. Der Wille zur Macht und die Fähigkeit zum Kompromiss bildeten bei ihnen Seiten derselben Medaille.

Zusammengefasst lassen sich demnach vier typologische Merkmale politischer Parteien unterscheiden:

- die politisch-ideologische Richtung
- die Organisationsstruktur
- die Struktur der Anhängerschaft und
- die dominante Zielorientierung

Parteienfamilien

Zusammengenommen umschreiben diese Merkmale das, was man in der politologischen Parteienforschung eher intuitiv als systematisch unter einer „Parteienfamilie" versteht. Als Ausgangspunkt dient dabei die politisch-ideologische Zugehörigkeit der Partei, die in deren Namensbezeichnung in der Regel unmittelbar zum Ausdruck kommt. So wird z. B. in Europa von christdemokratischen, sozialdemokratischen, liberalen, grünen usw. Parteien gesprochen. Die Priorität des ideologischen Kriteriums rührt aus der Gemeinsamkeit der politischen Ansichten und Ziele, die dem Parteigedanken ideell zugrunde liegt und bereits in der Definition von Burke enthalten ist. Der Begriff der Parteienfamilie lässt sich darauf allerdings nicht reduzieren, sondern bezieht auch die anderen Unterscheidungsmerkmale mit ein. Im Hintergrund steht dabei die Vorstellung, dass zwischen der politisch-ideologischen Zugehörigkeit der Partei einerseits, ihrer Organisation, Anhängerstruktur und dominanten Zielorientierung andererseits zwar vielfältige, jedoch keineswegs beliebige Verbindungen bestehen. Sozialdemokratische Parteien unterscheiden sich in der Struktur ihrer Anhänger- und Wählerschaft von christdemokratischen, liberalen oder grünen Parteien, organisieren sich anders als diese und setzen auch die Prioritäten ihrer Ziele nicht in der gleichen Weise. Die Unterschiede geben zugleich Auskunft über den Entstehungshintergrund der Parteien, die sich historisch entlang bestimmter Konfliktlinien (*cleavages*) gebildet haben. Auch zwischen Anhängerstruktur und Organisation gibt es Zusammenhänge, die sich vor allem am Umfang der Mitglieder (und deren Einfluss auf die Parteiführung) ablesen lassen. Dasselbe gilt für das Verhältnis von Organisation und Zielorientierung. Hier kann es vorkommen, dass Parteien sich in erster Linie mit sich selbst beschäftigen, also ihr Innenleben wichtiger nehmen als die Durchsetzung politikinhaltlicher Ziele.

Unausgesprochen schwingt im Verständnis der Parteienfamilie mit, dass es sich bei deren Angehörigen stets um Mitglieder unterschiedlicher nationaler Parteiensysteme handelt. So wie die Nationalstaaten die Grenzen der politischen Systeme vorgeben, so geben sie in deren Rahmen auch die Grenzen der Parteien und Parteiensysteme vor. Transnationale Parteiorganisationen, die Parteien vergleichbarer Ausrichtung in ihren Reihen versammeln, eignen sich deshalb gut, um die vermeintlichen Mitglieder einer Parteienfamilie zu identifizieren – zumindest in einem ersten Schritt. Ein Beispiel dafür sind die Fraktionen im Europäischen Parlament.

Die Definition schließt allerdings nicht aus, dass es auch innerhalb eines nationalen Parteiensystems Vertreter derselben Parteienfamilie geben kann. Hier lassen sich wiederum zwei Gruppen unterscheiden. In die eine Gruppe fallen Länder wie Belgien oder – abgeschwächt – die Schweiz, deren Parteiensysteme entlang regionaler Linien gespalten bzw. differenziert sind. Bezogen auf die christdemokratische Parteienfamilie gilt das auch für die Bundesrepublik, wo der Begriff „Schwesterparteien" für CDU und CSU die Familienmetapher unmittelbar aufgreift. Charakteristisch für die regional differenzierten Systeme ist, dass die Mitglieder derselben Parteienfamilie bei Wahlen nicht gegeneinander antreten.

Damit unterscheiden sie sich von dem interessanteren Fall einer ideologisch gespaltenen oder differenzierten Parteienfamilie, in der mehrere Vertreter einer vergleichbaren ideologischen Richtung im Parteiensystem gegeneinander stehen. Die konservativen Parteien DP (Deutsche Partei) und BHE (Bund der Heimatlosen und Entrechteten), die sich in den 1950er Jahren jenseits von CDU und CSU als Vertreter des bürgerlichen Lagers behaupten konnten (ehe sie von diesen absorbiert wurden), lassen sich hier als Beispiele nennen – oder die Koexistenz von drei christlichen Parteien in den Niederlanden bis zu deren Zusammenschluss im Jahre 1980. Noch häufiger als im gemäßigten politischen Spektrum kommen solche Spaltungen an den extremen Rändern vor, wo ideologische Radikalität und das Fehlen demokratischer Prinzipien den Zusammenhalt oder Zusammenschluss der Gruppierungen erschweren.

Die potenzielle Zugehörigkeit unterschiedlicher nationaler Parteien zur selben Parteienfamilie wirft die Frage nach ihrem gemeinsamen ideologischen Kern auf. Welche Prinzipien und Positionen müssen geteilt werden, damit von einer einheitlichen Parteienfamilie gesprochen werden kann? Die Frage schließt direkt an die Familienmetapher an. Darunter können die Mitglieder der Kernfamilie bekanntlich ebenso fallen wie die näheren oder entfernten Verwandten. Der Kreis der Familienzugehörigen lässt sich also mal enger oder weiter ziehen, je nachdem, welcher Verwandtschaftsgrad der Parteien zugrundegelegt wird. Die Familienmetapher gestattet dabei über die Betrachtung der horizontalen Verwandtschaftsbeziehungen hinaus auch eine genealogische Betrachtung. Im nationalen Kontext gilt das ohnehin. Hier stammen die heutigen etablierten Parteien sämtlich von ihren historischen Vorläufern ab, was auf die Kontinuität der parteienbildenden gesellschaftlichen Konfliktlinien hindeutet (s.u.). Als komplette Neuerscheinungen in den vergangenen 30 Jahren können lediglich die grüne und – mit gewissen Abstrichen – die rechtspopulistische Parteienfamilie identifiziert werden.

Funktionen von Parteien

Richten wir den Blick als nächstes auf die Funktionen der Parteien. Da sich heute fast jeder Politologe bemüßigt fühlt, einen entsprechenden Katalog aufzustellen, ist die diesbezügliche Literatur kaum noch überschaubar. Zudem tragen nicht alle Kataloge zur Klarheit bei. So listet z. B. Wiesendahl (1980: 188) nicht weniger als 18 Funktionen auf, die den Parteien von der Wissenschaft irgendwann einmal zugeschrieben worden sind. Auch die Aufzählung des bundesdeutschen Parteiengesetzes ist an diesem Punkt alles andere als bescheiden. Ihm zufolge sollen die Parteien „an der Bildung des politischen Willens des Volkes auf allen Gebieten des öffentlichen Lebens mit(wirken), indem sie insbesondere:

- auf die Gestaltung der öffentlichen Meinung Einfluss nehmen;
- die politische Bildung anregen und vertiefen;
- die aktive Teilnahme der Bürger am politischen Leben fördern,
- zur Übernahme öffentlicher Verantwortung befähigte Bürger heranbilden;
- sich durch Aufstellung von Bewerbern an den Wahlen in Bund, Ländern und Gemeinden beteiligen;
- auf die politische Entwicklung in Parlament und Regierung Einfluss nehmen;
- die von ihnen erarbeiteten politischen Ziele in den Prozess der staatlichen Willensbildung einführen und
- für eine ständige lebendige Verbindung zwischen dem Volk und den Staatsorganen sorgen."

Eine politikwissenschaftlich anspruchsvolle Aufstellung, die die hier aufgezählten Funktionen analytisch bündelt und dabei auch die Selbstinteressen der Parteien mit einbezieht, stammt von dem Hamburger Politologen Winfried Steffani. Steffani (1988: 550) unterscheidet vier Hauptfunktionen der Parteien und ordnet ihnen die folgenden Sektoren der Parteienanalyse zu:

„1. Parteien als Ausdruck sozialer Kräfte sowie ideologischer und/oder programmatischer Forderungen.

2. Parteien als Instrumente der Machtausübung (Parteien als Herrschaftsinstrumente).

3. Parteien als Vermittler demokratischer Legitimation für verbindliche Entscheidungen.

4. Parteien als Interessengruppen in eigener Sache und als Vermittler politischen Führungspersonals (Parteien als Karrierevehikel)."

Die Unterscheidung der vier Sektoren wird um eine räumliche Dimension ergänzt, die von den Staatsorganen im engeren Sinne über das Parteiensystem bis hin zum gesellschaftlichen „Vorfeld" reicht. Der Vorteil des Sektorenmodells liegt darin, dass es jede normative Überladung vermeidet und sich auf die tatsächlichen Wirkungsfelder der Parteien konzentriert. Dies gilt insbesondere für den vierten Sektor – die Interessenpolitik in eigener Sache –, auf die man hierzulande in merkwürdig gespaltener Weise reagiert: In den politikwissenschaftlichen Lehrbüchern wird dieser Aspekt gerne unterschlagen, in der politischen Publizistik gerät er zum Gegenstand einer (nicht selten) überzogenen Parteienstaatskritik.

Dem Vorschlag von Steffani ließen sich viele andere hinzufügen. Ähnlich wie bei den Definitionen würden sie aber inhaltlich nichts Neues beisteuern. Begnügen wir uns deshalb an dieser Stelle damit, die von Steffani unterschiedenen vier Sektoren in etwas veränderter Begrifflichkeit nochmals zusammenfassend darzustellen. Als Funktion der Parteien lassen sich danach unterscheiden:

- *die Repräsentationsfunktion:* Parteien bilden die Konfliktlinien innerhalb einer Gesellschaft ab, sind also ein Ausdruck sozialer Kräfte. Durch die Formulierung politischer Programme versuchen sie, die Interessen der von ihnen vertretenen Wählergruppen zu artikulieren und zu bündeln.

- *die Steuerungsfunktion:* Parteien streben nach Regierungsmacht und üben unmittelbaren Einfluss auf die staatliche Willensbildung und Entscheidungsfindung aus. Im Wettbewerb mit ihren Mitstreitern sorgen sie für politische Innovationen.

- *die Legitimationsfunktion:* Als Institutionen der Willensbildung verkörpern die Parteien das demokratische Prinzip im Allgemeinen und dessen plebiszitäre Komponente im Besonderen. Indem sie die Bürger mobilisieren und zur Partizipation anhalten, tragen sie zur politischen Integration des Gemeinwesens bei.

- *die Sozialisations- und Elitenrekrutierungsfunktion:* Parteien wählen das politische Führungspersonal aus und trainieren es für die Übernahme von staatlichen (bzw. kommunalen) und Regierungsämtern. Als Karrierevehikel sind sie dabei zugleich Interessengruppen in eigener Sache.

Parteien in der Krise?

Wie ist es um die Erfüllung der Funktionen in den etablierten Demokratien bestellt? Am ehesten erfolgreich bleiben die Parteien in der Sozialisations- und Rekrutierungs- sowie der politischen Steuerungsfunktion. Bei der Erstgenannten können sie in den meisten Demokratien sogar ein Monopol für sich reklamieren, während die Wahrnehmung der Steuerungsfunktion starke systemspezifische Unterschiede aufweist: In föderal verfassten Staaten mit einer ausgebauten Verfassungsgerichtsbarkeit wie der Bundesrepublik ist sie z. B. schwächer ausgeprägt als in klassischen Mehrheitsdemokratien wie Großbritannien. Auch dort nutzt den Parteien ihre Steuerungsmacht aber heute nicht mehr viel, wenn man berücksichtigt, dass die Fähigkeit der nationalstaatlich verfassten Politik, die politische Entwicklung zu gestalten, im Zeitalter der Globalisierung insgesamt schrumpft. Am weitesten gediehen ist dieser Prozess in der Europäischen Union. Hier unterliegen selbst Politikbereiche wie die Sozial- oder Steuergesetzgebung, die vorderhand in der Zuständigkeit der Mitgliedsländer verbleiben, einem schleichenden Souveränitätsverfall. Die Legitimationsfunktion der in der nationalen Sphäre verhafteten Parteien wird dadurch untergraben.

Ein noch weniger positives Bild ergibt sich, wenn man die Repräsentationsfunktion betrachtet. Mit Blick auf das gestörte Vertrauensverhältnis zwischen Bürgern und Parteien, das sich in nachlassender Organisationskraft, Nichtbeteiligung an Wahlen, „abweichendem" Stimmverhalten sowie anderweitigen Protestformen mitteilt, könnte man sogar von einer anhaltenden Krise sprechen. Auch hier liegen die Ursachen zum einen in den objektiven Schwierigkeiten des Regierens, zum anderen verweisen sie auf die schwächer werdenden Wurzeln der Parteien in der Gesellschaft. Uneinigkeit herrscht unter den wissenschaftlichen und publizistischen Beobachtern, wie diese Tendenzen zu bewerten sind. Haben wir es tatsächlich mit Krisenzeichen zu tun, die für die Stabilität des demokratischen Systems bedrohlich werden können? Oder handelt es sich um Aspekte eines ganz normalen Wandlungsprozesses, der zu einer Transformation der Parteien und des Parteiensystems führt, aber nicht notwendigerweise zu ihrem Niedergang?

Für die erstgenannte Interpretation sprechen die demoskopisch ermittelten Befunde einer wachsenden Unzufriedenheit mit der Demokratie, die in Deutschland unter dem Schlagwort „Politikverdrossenheit" firmiert. Damit wird freilich mehr verdeckt als erklärt. Erstens ist die Rede von einer Krise der Parteien und Parteiendemokratie nicht neu. Sie kann an den immer gleichen Buch- und Aufsatztiteln abgelesen werden, die das Thema hierzulande in regelmäßigen Abständen aufbereiten. Zweitens ist Politikverdrossenheit nicht gleichbedeutend mit Politiker-, Parteien- oder Systemverdrossenheit. Keinesfalls darf sie mit Apathie oder politischem Desinteresse verwechselt werden. Schenkt man den regelmäßig durchgeführten Befragungen Glauben, wird das System insgesamt von den Bürgern immer noch deutlich besser bewertet als dessen einzelne Institutionen oder Akteure und die von ihnen betriebene Politik. Dies gilt erst recht im europaweiten Vergleich, wo sich die bundesdeutsche Demokratie nach wie vor als eine der stabilsten behauptet. Und drittens muss berücksichtigt werden, dass die Unzufriedenheit auch Ausweis einer kritischeren Grundeinstellung der Bürger gegenüber der Politik sein kann, die unter Demokratiegesichtspunkten durchaus positiv zu betrachten ist. Dasselbe gilt mit Blick auf die abnehmende „natürliche" Bindung der Wähler, die dazu führt, dass das personelle und Programmangebot der Parteien bei der individuellen Wahlentscheidung eine größere Rolle spielt.

Unterstützung findet die Krisenthese, wenn man die Struktur der Wähler betrachtet, die von den etablierten (systemtragenden) Parteien nicht mehr erreicht werden; unter diesen sind die sozialökonomisch und soziokulturell marginalisierten Bevölkerungsteile weit überproportional vertreten. Das Gleichheitsversprechen, auf dem die Demokratie beruht, auch in materieller Hinsicht abzusichern, fällt in einer auseinanderdriftenden Gesellschaft offenbar zunehmend schwer. Wie die Wahlerfolge rechtspopulistischer Parteien in vielen europäischen Ländern zeigen, leiden unter diesem Problem gerade die sozialdemokratischen Parteien, obwohl diese aufgrund ihrer traditionellen Werte- und Interessenbasis am ehesten in der Lage sein müssten, die unteren Schichten der „Modernisierungsverlierer" anzusprechen. In der Repräsentationslücke spiegeln sich die zentrifugalen Tendenzen der wirtschaftlichen und gesellschaftlichen Entwicklung, die durch die wachsende Kluft zwischen Arm und Reich auch politisch zu einer Entsolidarisierung geführt haben. Der Drang der Volksparteien zur Mitte hat diese Tendenz befördert. Er ließ ein Vakuum an den rechten und linken Rändern des Parteienspektrums entstehen, in das kleinere Parteien erfolgreich hineinstoßen konnten. Die Volksparteien mussten sich insofern fragen, ob sie ihre Fangnetze nicht an den falschen Stellen ausgeworfen hatten. Ob sich eine Abkehr von der zentristischen Strategie für sie elektoral ausgezahlt hätte (oder auszahlen würde), bleibt allerdings offen und kann nur von Fall zu Fall beantwortet werden. Dies gilt zumal, wenn man die koalitionspolitischen Folgen der Strategiewahl mitberücksichtigt, die es womöglich geboten machen, gerade nicht an denselben Stellen zu fischen wie die potenzielle Konkurrenz. Am Beispiel der deutschen SPD und ihres Verhältnisses zur Partei „Die Linke" lässt sich dieses Dilemma veranschaulichen.

Forschungsstand

Parteien und Parteiensysteme gehören zu den wichtigsten und am breitesten ausgebauten Forschungsgebieten der Politikwissenschaft. Das Fach kann sie als weithin exklusive Domäne beanspruchen – trotz Überschneidungen mit anderen Disziplinen in einigen Bereichen. Dass die Beschäftigung mit Parteien in der Politikwissenschaft eine lange Tradition aufweist, nimmt nicht wunder, ist doch die Entstehung des modernen Parteiwesens mit der Herausbildung und Durchsetzung des demokratischen Verfassungsstaates aufs engste verwoben. Entsprechend lag und liegt der Fokus der Parteienforschung nach wie vor stark auf den etablierten westlichen Demokratien. Mit der demokratischen Revolution in Mittelosteuropa und den Demokratisierungsschüben in anderen Weltregionen taten sich in den 1980er Jahren neue Schwerpunkte auf, die die Parteienforschung auch in komparatistischer Hinsicht herausforderten. Nachdem das Interesse an den Parteien in den 1970er Jahren etwas abgeflaut war, ist seither ein starker Zuwachs der wissenschaftlichen Literatur zu verzeichnen, der in der Gründung einer eigenen Fachzeitschrift (*Party Politics*) und der Edition eines umfassenden Handbuches (Katz/Crotty 2006) Ausdruck fand.

Im deutschen Wissenschaftsraum erwies sich die 1969 aus der Taufe gehobene *Zeitschrift für Parlamentsfragen* als Glücksfall für die Parteienforschung, die zugleich durch die gleichberechtigte Einbeziehung rechtswissenschaftlicher Ansätze überzeugte. Enzyklopädische Dimensionen erreichte das von Richard Stöss 1983 herausgegebene „Parteien-Handbuch", das anschließend allerdings nicht mehr fortgeschrieben wurde und erst 2007 einen kompakten Nachfolger erhielt (Decker/Neu 2007). Die bisher umfangreichste politikwissenschaftliche Bestandsaufnahme der deutschen Parteiendemokratie datiert aus dem Jahre 2001 (Gabriel/Niedermayer/Stöss 2001). Sie soll demnächst durch ein noch umfangreicheres Kompendium abgelöst werden (Niedermayer 2012 i.E.).

Die Forschungsbemühungen und -entwicklungen gestalten sich in den einzelnen Bereichen naturgemäß unterschiedlich. Legt man die oben vorgeschlagene Unterteilung zugrunde – Parteien in der Gesellschaft, Parteien im Staat und Parteien als Organisation – entfällt das Gros der Arbeiten aus den letzten Jahrzehnten auf den ersten Bereich, der starke Überschneidungen mit der empirischen Wahlforschung aufweist (Falter/ Schoen 2005). Nahezu parallel zu den sozialstrukturellen und sozialpsychologischen Erklärungsmodellen des Wählerverhaltens erhielt die Parteien- und Parteiensystemforschung mit dem *cleavage*-Ansatz in den 1960er Jahren ein bis heute tragendes theoretisches Fundament (Lipset/Rokkan 1967). Da dieser Ansatz ein historisch-vergleichender war, eröffnete er zugleich einen neuen Raum für interpretativ-qualitative Forschungsmethoden, die die quantitativ-statistischen Verfahren der Wahlsoziologie ergänzten bzw. zu diesen in Konkurrenz traten. Auch die empirisch beschreibende Parteiensystemanalyse wurde maßgeblich durch die Typenbildung vorangetrieben, die Autoren wie Sartori (1976) oder von Beyme (1982) in den 1970er und frühen 1980er Jahren vorgenommen hatten.

Im zweiten Bereich – Parteien im Staat – hat die Forschung ihre normative Einfärbung überwiegend erhalten. Symptomatisch dafür ist zum einen die enge Verbindung des Themas mit rechtlichen Aspekten. Zum anderen bleibt die Frage, inwieweit die Parteien Teil des Staates sind und in diesen inkorporiert werden dürfen, tatsächlich eine offene. In der Gründungsphase der Bundesrepublik musste die Politikwissenschaft ihr Hauptaugenmerk noch darauf richten, die Parteien als unverzichtbares Element der Demokratie zu würdigen. Diese Bemühungen wurden in dem Maße entbehrlich, wie die Vorbehalte gegenüber den Parteien verblassten und das Parteiensystem sich als Stabilitätsanker der Nachkriegsrepublik bewährte. Empirisch-analytische Ansätze gewannen in der Forschung deshalb rasch die Oberhand. Gleichzeitig überließ man das umstrittene Parteienstaatsthema hierzulande weitgehend den Verfassungsrechtlern, von denen einige die Gelegenheit nutzten, sich öffentlichkeitswirksam als Parteienkritiker zu profilieren (z. B. von Arnim 2001).

Der dritte Bereich – Parteien als Organisation – ist demgegenüber ein ausschließliches Thema der politologischen und soziologischen Forschung geblieben. Gemessen an seiner stolzen Tradition, die durch die Klassiker von Ostrogorski (1902), Michels (1911) und Weber (1922) begründet wurde, hat er im Fach lange Zeit eine merkwürdig untergeordnete Rolle gespielt. In den theoretischen Arbeiten zum Parteienwandel, etwa bei Kirchheimer (1965), kam der Organisationsaspekt z. B. nur am Rande vor. Eine intensivere Zuwendung erfuhr er erst wieder seit den 1990er Jahren im Gefolge der maßgeblichen Studie von Panebianco (1988), der die Organisationsanalyse der Parteien auf eine neue theoretische Basis stellte. Im bundesdeutschen Kontext konnten daran unter anderem die Untersuchungen von Schmid (1990) über die CDU und Lösche/Walter (1992) über die SPD anknüpfen.

Ähnlich wie die internationale Gemeinde zeichnet sich der Mainstream der Parteienforschung in der Bundesrepublik durch einen Hang zur Modellbildung und eine Vorliebe für quantitativ-statistische Methoden aus. Gleichzeitig sieht er sich jedoch stärker als anderswo einer selbstbewusst auftretenden Konkurrenz gegenüber, die eine zeitgeschichtlich-qualitative Herangehensweise an das Thema favorisiert (z. B. Walter 2008). Die heftige Aversion, die der „Göttinger Schule" um Franz Walter noch in den 1990er Jahren von Seiten der „professionellen" Politikwissenschaft entgegenschlug, scheint inzwischen einer heimlichen Bewunderung gewichen. Die Gründe dafür liegen zum einen im tatsächlichen Nutzen des historischen Ansatzes, der sich ja auf das *cleavage*-Modell berufen kann und dessen Erklärungskraft von anderen Autoren ebenfalls unter Beweis gestellt wurde (z. B. Rohe 1992). Zum anderen finden die zeitdiagnostischen Analysen Walters, denen originelle Interpretationen und stilistische Prägnanz gleichermaßen eignen, in der deutschen Medienöffentlichkeit hohe Beachtung und werden auch von Politikern zu Beratungszwecken „abgerufen". Dass gerade letzteres unter den Kollegen Argwohn hervorruft, ist verständlich. Dennoch dürfte die Parteienforschung in der Bundesrepublik von der Konkurrenz unter dem Strich profitiert haben.

2 Eigenschaften, Typen und institutionelle Bestimmungsgrößen von Parteiensystemen

Aus den oben dargestellten Funktionenkatalogen geht nicht immer klar hervor, ob sie sich auf eine einzelne Partei oder auf ganze Parteiensysteme beziehen. Auch bei Betrachtung der einzelnen Partei wird offenbar unterstellt, dass sie sich nicht im luftleeren Raum bewegt, sondern die erwähnten Funktionen nur in der Interaktion mit anderen Parteien ausüben kann. Von daher müssen wir uns im weiteren zunächst den Parteiensystemen zuwenden, die den Wettbewerb zwischen den Parteien strukturieren.

In der Politikwissenschaft herrscht weitgehend Einigkeit darüber, was man unter einem Parteiensystem zu verstehen hat, nämlich *die Gesamtheit der in einem politischen System agierenden Parteien und die Struktur ihrer wechselseitigen Beziehungen.* Dabei werden allerdings nur die relevanten Parteien einbezogen. Relevant sind Parteien, wenn sie das Verhalten ihrer Konkurrenten in irgendeiner Form beeinflussen, sei es, weil sie Koalitionspotenzial besitzen und bei der Regierungsbildung berücksichtigt werden müssen, oder weil sie mit anderen Parteien um dieselben Wählergruppen konkurrieren. Parlamentszugehörigkeit kommt der Relevanz zugute, ist aber keine zwingende Voraussetzung, da die elektorale und politische Stärke von Parteien infolge des Wahlrechts auseinanderfallen können. Beispiele sind Großbritannien oder Frankreich, wo nach den Regeln der relativen bzw. absoluten Mehrheitswahl gewählt wird (s. u.). Ein ähnlicher Effekt geht von den Verhältniswahlsystemen mit Sperrklauseln aus – auch hier sind relevante Parteien unterhalb der Fünf- oder Vier-Prozent-Schwelle vorstellbar. Selbst der in der Literatur häufig genannte Wert von 2 % könnte als Scheidelinie noch zu hoch angesetzt sein, wenn es sich z. B. um Parteien mit starkem regionalen Einschlag handelt (Sartori 1976: 121 ff.). Bei der Betrachtung der Parteiensysteme ist deshalb zwischen der elektoralen und parlamentarischen Ebene zu unterscheiden. Während das *parlamentarische* Parteiensystem nur die im Parlament vertretenen Parteien umfasst, gehören zum *elektoralen* Parteiensystem auch die im Parlament nicht vertretenen, aber gleichwohl

relevanten Parteien. Von der Betrachtung des parlamentarischen Parteiensystems praktisch dagegen nicht zu trennen ist die *gouvernementale
Ebene,* also die Frage, welche Parteien typischerweise die Regierung stellen. Sie bildet den Angelpunkt der für die Parteiensysteme konstitutiven
Wettbewerbsstruktur.

Eigenschaften von Parteiensystemen

Anhand welcher Eigenschaften oder Kriterien lässt sich diese nun im Einzelnen bestimmen? Anders als bei der Definition eines Parteiensystems
liegen die Vorschläge in der Literatur hierzu weit auseinander. Um eine
Überfrachtung zu vermeiden, bietet es sich an, die Analyse zunächst auf
die äußeren oder deskriptiven Merkmale des Parteiensystems zu beschränken. Dazu gehören als die fünf wichtigsten: die Fragmentierung, die Sym-
metrie/Asymmetrie, die Volatilität, die Polarisierung und die Segmentierung (Niedermayer 1996).

Am nahe liegendsten ist der Blick auf die Anzahl der Parteien; diese
gibt Auskunft über die Fragmentierung (Zersplitterung) bzw. Konzentration eines Parteiensystems. In der älteren Literatur begnügte man sich
dazu zumeist mit der nominellen Zahl der Parteien, was auf die grobe Unterteilung in Zwei- oder Mehrparteiensysteme hinauslief. Heute werden
bei der Bestimmung der Fragmentierung auch die Größenverhältnisse der
Parteien mit einbezogen, so wie sie in den Wahlergebnissen und Man-
datsstärken zum Ausdruck kommen. Am gebräuchlichsten ist der von den
beiden finnischen Wissenschaftlern Laakso und Taagepera (1979) entwickelte Zahlenindex der „effektiven Parteien".

Der Laakso-Taagepera-Index wird berechnet, indem man die quadrier-
ten Stimmenanteile aller Parteien aufsummiert und hiervon den Kehrwert
bildet. Weisen alle Parteien den gleichen Stimmenanteil auf, besteht also
ein ausgeglichenes Größenverhältnis, so entspricht die effektive der nominellen Zahl der Parteien. Je ungleicher die Größenverhältnisse sind, um so
niedriger fällt die effektive im Vergleich zur nominellen Zahl der Parteien
aus. Bei deutlichem Übergewicht einer Partei nähert sich der Index dem
Wert 1. Den Nutzen des Indexes mag folgendes Rechenbeispiel belegen:
Angenommen, ein Parteiensystem würde nominell aus fünf Parteien bestehen, von denen die beiden größten 45 bzw. 40 und die drei kleineren
Parteien jeweils 5 % der Wählerstimmen auf sich vereinigen. Als Maß der
effektiven Parteien ergäbe sich daraus ein Wert von 2,70. In einem Vier-

parteiensystem, in dem zwei Parteien über jeweils 30 und die beiden anderen Parteien jeweils 20 % der Stimmen verfügen, läge der Wert bei 3,85 – er wäre also trotz geringerer nomineller Parteienzahl höher.

Beim zweiten Merkmal, der *Symmetrie* oder *Asymmetrie* von Parteiensystemen, wird zur Bestimmung nur auf die Stimmenanteile der beiden stärksten Parteien bzw. die Stimmanteile der koalitionspolitisch abgrenzbaren Lager abgestellt. Der längerfristige Größenvergleich soll Aufschluss geben, ob sich die Parteien/Lager in einer strukturellen Mehrheits- oder Minderheitsposition befinden. Beispiele für asymmetrische oder hegemoniale Parteiensysteme sind das bis zum historischen Machtwechsel 1977 von der Arbeitspartei dominierte Israel oder Schweden, wo die Sozialdemokraten von 1932 bis 1976 unangefochten regieren und auch in der Folgezeit stärkste Kraft blieben.

Als drittes Kriterium ist die *Volatilität* zu nennen. Der aus der Physik entlehnte und auch an der Börse gebräuchliche Begriff steht für die Unbeständigkeit (oder Flüchtigkeit) des Wahlverhaltens. Während die eben genannten Eigenschaften der Fragmentierung und Symmetrie/Asymmetrie stationär gemeint sind, das heißt: sich auf den gegenwärtigen oder vergangenen Zustand eines Parteiensystems beziehen, stellt das Volatilitätskriterium ausdrücklich auf dessen Wandel ab. Gemessen wird die Volatilität durch einen Index, der die Stimmengewinne der im Vergleich zur vorangegangenen Wahl erfolgreichen Parteien in Prozentpunkten addiert.

Die Volatilität des Wählerverhaltens steht mit der Fragmentierung des Parteiensystems in engem Zusammenhang. Denn je mehr Parteien ein System aufweist, um so größer sind die Wechselmöglichkeiten der Wähler, die sich jetzt womöglich nicht mehr nur zwischen Parteien unterschiedlicher Lager (*Interblock-Volatilität*), sondern zwischen mehreren Parteien desselben Lagers entscheiden können (*Intrablock-Volatilität*). Und umgekehrt: Steigt die Volatilität, so wachsen die Chancen für etwaige Newcomer, sich im Parteiensystem festzusetzen. Dadurch nimmt dessen Fragmentierung zu.

Das vierte Merkmal, die *Polarisierung*, bezeichnet mit der politisch-ideologischen Gegensätzlichkeit der Parteien zugleich eine inhaltliche Parteiensystemeigenschaft. Als Maß für die Polarisierung dient zum einen der Stimmenanteil der systemoppositionellen Parteien, zum anderen der ideologische Abstand zwischen den systembejahenden Parteien. Es ist evident, dass beides Messprobleme aufwirft. Bei der Bestimmung der politikinhaltlichen Position einer Partei wird man z. B. eine Auswahl relevanter Streitfragen (*issues*) treffen müssen. Soll man sich dabei nur auf das

Programm einer Partei beziehen oder auch auf deren tatsächliches Handeln? Und wer nimmt die Bestimmung schließlich vor: man selbst (auf der Basis der inhaltsanalytischen Auswertung)? Oder wäre es besser, sich auf Expertenurteile oder die Bevölkerungsmeinung zu stützen? Wer unter die systemoppositionellen Vertreter fällt, ist ebenfalls nicht leicht zu ermitteln. Gehören dazu auch Parteien wie die deutsche Linke, die antikapitalistische Positionen vertreten, ohne prinzipiell Gegner der verfassungsstaatlichen Demokratie zu sein? Und wie verhält es sich mit regionalistischen Parteien, wie der italienischen *Lega Nord* oder der *Scottish National Party*, die inhaltlich-ideologisch gemäßigt auftreten, aber offen separatistische Ziele verfolgen?

Das fünfte Merkmal, die *Segmentierung*, bezieht sich ausschließlich auf die parlamentarisch-gouvernementale Ebene des Parteiensystems. Es betrachtet die Koalitionsbeziehungen der Parteien, also ihre Bereitschaft zur Zusammenarbeit in einer Regierung. Sind alle Parteien wechselseitig koalitionsfähig, ist die Segmentierung gering, schotten sich die Parteien untereinander ab oder stehen sie nur für bestimmte Koalitionen zur Verfügung (darunter solche, deren Zustandekommen bereits aus rechnerischen Gründen ausgeschlossen werden kann), ist sie hoch. Bei der Analyse der Segmentierung fließen politikwissenschaftliche Parteien- und Koalitionsforschung ineinander (Decker 2009). Die Berücksichtigung des Merkmals als eigenständiger Faktor kann erklären, warum Parteiensysteme, die in punkto Fragmentierung, Symmetrie/Asymmetrie und Polarisierung starke Übereinstimmungen aufweisen, dennoch unterschiedliche Regierungs- und Koalitionsmuster ausbilden.

Ältere und neuere Typologien

Einige Autoren haben versucht, die verschiedenen Kriterien des Parteiensystems in einer Typologie zusammenzuführen. So teilt z. B. Sartori (1976: 125 ff.) die Parteiensysteme in zwei Grundtypen ein, die er als begrenzten (moderaten) und extremen (polarisierten) Pluralismus kennzeichnet. Parteiensysteme des begrenzten Pluralismus seien durch eine geringe Zahl relevanter Parteien (bis zu fünf), geringe ideologische Polarisierung und einen in der Mitte des Systems konzentrierten Wettbewerb charakterisiert. Im Idealfall handele es sich um Zweiparteiensysteme mit alternierender Regierung. Typisch für Parteiensysteme des extremen Pluralismus seien demgegenüber ein hoher Grad an Polarisierung und das Vorhandensein relevanter Anti-System-Parteien. Der Wettbewerb richte sich hier nach den Rändern aus; die Parteien der Mitte seien schwach und würden im Extremfall von der rechten und linken Opposition zerdrückt.

Sartori vermutete einen Zusammenhang zwischen der Fragmentierung und Polarisierung eines Parteiensystems, der sich in der Realität allerdings nicht bewahrheitet hat. So zeigt sich beispielsweise das französische Parteiensystem – bei gleicher oder geringerer Zahl der effektiven Parteien – bis heute stärker polarisiert als das dänische oder niederländische. Bezogen auf den Pluralismus wiegt die ideologische „Bandbreite" als Systemmerkmal eindeutig schwerer als die bloße Zahl der Parteien; die vergleichsweise starke Betonung des numerischen Kriteriums bei Sartori rührt vermutlich daher, dass es sich mit quantifizierenden Methoden am besten erfassen lässt. Spätere Darstellungen haben versucht, Sartoris vereinfachte Grundunterscheidung durch eine differenziertere, am Wettbewerbscharakter der Systeme orientierte Aufteilung zu ersetzen, die sich auch auf die Regierungsebene erstreckt. Von Beyme (1982: 312) listete Anfang der 1980er Jahre folgende Typen auf:

- Zweiparteiensysteme mit alternierender Regierung:
- gemäßigter Pluralismus:
  - mit alternierenden Flügelparteien möglichst ohne Koalition
  - mit alternierenden Flügelparteien als dauerhaften Koalitionspartnern
  - mit Koalitionen der Mitte oder großen Koalitionen
- polarisierter Pluralismus:
  - mit Fundamentaloppositionen, die die Mitte zerreiben
  - mit abschwächender zentrifugaler Wirkung der Fundamentaloppositionen
- Systeme mit einer hegemonialen Partei

Verglichen mit den älteren Typologien Sartoris und von Beymes erweisen sich die neueren Typologisierungen als deutlich weniger komplex, was durchaus ungewöhnlich ist. Sowohl die Polarisierung als auch die Segmentierung der Parteiensysteme bleiben in diesen Typologien unberücksichtigt. Stattdessen wird ausschließlich auf die Zahl und Größenverhältnisse der Parteien abgestellt, also auf die Kriterien der Fragmentierung und Symmetrie/Asymmetrie. Auf dieser Basis schlägt z. B. Alan Ware (1996: 162) eine Unterteilung in sechs Typen vor: Parteiensysteme mit einer hegemonialen Partei, Zweiparteiensysteme, Zweieinhalbparteiensysteme,

Mehrparteiensysteme mit einer dominanten Partei, Mehrparteiensysteme mit zwei dominanten Parteien und ausgeglichene Mehrparteiensysteme. Ähnlich gelagert ist der Vorschlag von Oskar Niedermayer (2010a: 342 f.), der mit noch weniger, nämlich vier Typen auskommt:

- Parteiensysteme mit einer prädominanten Partei
- Parteiensysteme mit Zweiparteiendominanz
- pluralistische Parteiensysteme
- hoch fragmentierte Parteiensysteme

Ein prädominantes Parteiensystem liegt laut Niedermayer vor, wenn eine Partei im Parlament die absolute Mehrheit und die nächst größere Partei lediglich ein Viertel der Mandate hält, deren Mandatsanteil also weniger als die Hälfte des Mandatsanteils der dominanten Partei beträgt. In Parteiensystemen mit Zweiparteiendominanz verfügen die beiden großen Parteien jeweils über mehr als ein Viertel und zusammen über zwei Drittel der Mandate, während die nächst kleinere Partei weniger als die Hälfte der Sitze der kleineren der beiden Großparteien erreicht. Die verbleibenden Typen werden anhand der Zahl der effektiven Parteien bestimmt. Bei einem Wert von über fünf liegt ein hoch fragmentiertes Parteiensystem vor. Beträgt der Wert höchstens fünf und handelt es sich nicht um einen der beiden erstgenannten Typen, wird das Parteisystem als pluralistisch eingestuft.

Der Vorteil dieser Typologie liegt darin, dass sie leicht handhabbar ist. Ihr Nachteil besteht in der beschränkten Aussagekraft, da wesentliche Eigenschaften wie Koalitionsmuster und die Polarisierung des Systems – offenbar um dem oben beschriebenen Messbarkeitsproblem zu entgehen – außen vor bleiben. Im Hinblick auf die Polarisierung lässt sich das vielleicht noch rechtfertigen, nachdem dieses Merkmal mit dem Ende des Ost-West-Konflikts empirisch an Bedeutung verloren hat. Die Ausblendung der Koalitionsmuster bleibt freilich misslich. Denn einerseits wirken die Koalitions- und Regierungsformate – wie gesehen – unabhängig von der Zahl und Größenverhältnisse der Parteien auf den Charakter des Parteiensystems zurück. Andererseits wächst ihre Bedeutung mit der steigenden Fragmentierung, weil mehr (und möglicherweise andere) Partner in die Koalitionen einbezogen werden müssen.

Das zuletzt genannte Problem versucht der irische Politikwissenschaftler Peter Mair (1997: 212) ausdrücklich zu vermeiden. Dessen Parteiensystemtypologie verfolgt einen nochmals anderen Ansatz, indem sie auf ein einzelnes, dominantes Merkmal rekurriert, nämlich die Struktur des Wettbewerbs um Regierungsbeteiligung(en). Diese könne entweder geschlossen oder offen sein. Maßgeblich für den Unterschied sind laut Mair drei Kriterien: Das erste Kriterium bezieht sich auf die Ausprägung des Alternierungsprinzips. In einer geschlossenen Wettbewerbsstruktur gebe es stets vollständige bzw. überhaupt keine Regierungswechsel (so wie in der Schweiz), in der offenen Struktur herrschten partielle Regierungswechsel bzw. eine Mischung von partiellen und vollständigen Wechseln vor. Das zweite Kriterium betrifft die Muster der Regierungs- bzw. Koalitionsbildung, die in der geschlossenen Struktur über längere Zeit festlägen, während sie in der offenen Struktur variabel seien. Als drittes Kriterium führt Mair schließlich den Zugang zur Regierungsmacht an. Dieser sei in der geschlossenen Struktur nur für wenige, in der offenen Struktur dagegen für fast alle Parteien gegeben (einschließlich etwaiger Newcomer).

So plausibel Mairs Definition von „geschlossen" und „offen" erscheint, führt sie als typologisches Kriterium dennoch in die Irre. Die Einordnung der Schweiz und Großbritanniens in dieselbe Kategorie stellt den *conventional wisdom* der Demokratietypologie geradewegs auf den Kopf. Das Problem liegt darin, dass Mairs Unterscheidung hauptsächlich auf den Wandel bzw. die Wandlungsfähigkeit der Wettbewerbsstrukturen abzielt und nicht auf die Strukturen selber. Für diese bleibt das – von Sartori und Beyme zugrundegelegte – Alternierungsmerkmal maßgeblich. Hält man an dessen Schlüsselbedeutung fest, trägt Mairs Vorschlag in erster Linie dazu bei, die Systeme mit partiellen bzw. nicht vollständigen Regierungswechseln genauer zu erfassen.

Institutionelle Bestimmungsgründe

Die typologische Diskussion, auf die wir weiter unten zurückkommen, erinnert daran, dass die Struktur eines Parteiensystems für die Funktionsweise des gesamten Regierungssystems entscheidende Bedeutung erlangt. Als Bindeglied zwischen Staat und Gesellschaft und Vermittler im institutionellen Gefüge sind die Parteien die zentralen Akteure des Regierungsprozesses, die innerhalb der von der Verfassung konstituierten Staatsorgane wirken und deren Funktionieren prägen. Der Zusammenhang besteht allerdings auch umgekehrt: Wie das Parteiensystem beschaffen ist, welche Rolle die Parteien im Regierungsgeschehen spielen und wie sie diese Rolle ausüben, hängt maßgeblich von den institutionellen

Rahmenbedingungen eines Regierungssystems ab. Als Schlüsselbereiche anzusprechen sind dabei die Regierungsform, die politische Kultur und das Wahlsystem.

Unter der *Regierungsform* versteht man in einem weiteren Sinn die Ausgestaltung der institutionellen Gewaltenteilung, in einem engeren Sinne die Organisation des Verhältnisses von Parlament und Regierung. Die wichtigste Trennlinie verläuft zwischen parlamentarischen und präsidentiellen Systemen. Die für das parlamentarische System konstitutive Fusion von parlamentarischer Mehrheit und Regierung führt zu einer festgelegten Rollenteilung zwischen dieser und der Opposition, die den Parteien ein hohes Maß an ideologischem und organisatorischem Zusammenhalt abverlangt. Im gewaltentrennenden präsidentiellen System ist ein Gleichklang zwischen den Organen, der die Abgeordneten zur Einhaltung der Partei- und Fraktionsdisziplin verpflichtet, dagegen nicht erforderlich, weil Präsident und Regierung auch ohne Zustimmung des Parlaments im Amt bleiben. Die Funktion der Parteien ist in beiden Systemen deshalb grundverschieden. Während im parlamentarischen Modell die legislativen Koalitionen durch die Regierungsbildung vorgezeichnet sind, werden im präsidentiellen System allenfalls die Wahlkämpfe durch die Parteien strukturiert, nicht aber das parlamentarische Abstimmungsverhalten. Weil sich Exekutive und Legislative gegenseitig nichts anhaben können, bleibt das System auch bei wechselnden Mehrheiten funktionsfähig.

Betrachtet man nur die parlamentarischen Systeme, bestehen mit Blick auf die Rolle der Parteien ebenfalls große Unterschiede. Diese rühren z. B. aus der Vetomacht anderer Mitspieler im Regierungsprozess (Staatsoberhäupter, Zweite Kammern, Verfassungsgerichte, Ministerialbürokratien usw.), verschiedenen Regierungsebenen (Föderalismus) oder Bereichen der gesellschaftlichen Selbstorganisation, zu denen auch Öffentlichkeit und Medien gehören. Sofern diese Strukturen nicht ihrerseits von den Parteien beherrscht werden, ziehen sie der Handlungsmacht der Zentralregierung Grenzen. Ein weiteres wichtiges Unterscheidungsmerkmal ist deshalb der parteienstaatliche Charakter der Systeme, der das Ausmaß der Durchdringung der verschiedenen Institutionen und Funktionsbereiche durch die Parteien beschreibt.

Folgt man der von Arend Lijphart (1999) entwickelten Unterscheidung zwischen Mehrheits- und Konsenssystemen als zwei Grundtypen der Demokratie, so ist für den Charakter eines Regierungssystems neben der institutionellen Gewaltenteilung vor allem die Machtverteilung innerhalb der parlamentarisch bestellten Regierung entscheidend. Je mehr Parteien an einer Koalition beteiligt sind und je größer der Stimmen- bzw. Mandatsanteil ausfällt, über den sie gemeinsam verfügen, desto stärker weicht das System von der Lehrbuchvorstellung des „alternierenden" Regierungsmodells ab, das in annähernder Reinform nur in Großbritannien und den sogenannten Westminster-Demokratien verwirklicht ist. Dort werden die Regierungen in der Regel von einer einzigen Partei gestellt, es entfällt also die Notwendigkeit der Koalitionsbildung.

Ob ein Land ein mehrheits- oder konsensdemokratisches System ausbildet, hängt nicht zuletzt von seiner historisch gewachsenen *politischen Kultur* ab. Diese prägt zum einen die Strukturen des Parteiensystems, zum anderen wirkt sie auch unabhängig vom Parteiensystem auf die Regierungsweise zurück. Politische Kulturen lassen sich nach dem Grad ihrer Konsens- oder Konfliktorientierung unterscheiden. Wichtig ist dabei die Differenzierung zwischen der gesellschaftlichen und politisch-institutionellen Ebene. Länder, die infolge von ethnischen, konfessionellen, regionalistischen oder sozialökonomischen Konflikten stark polarisiert sind, können sich auf der politisch-institutionellen Ebene entscheiden, diese Polarisierung auszutragen oder sie durch Konsensbildung zu überwinden. Letzteres kann historisch später oder früher erfolgen, wie ein Vergleich zwischen Österreich und der Schweiz zeigt, und in unterschiedlicher Form geschehen. In Österreich wurde z. B. die Große Koalition als Standardregierungsmodell etabliert, während die von ihrer institutionellen Verfasstheit her vergleichbaren parlamentarischen Systeme Dänemarks und Schwedens Minderheitsregierungen den Vorzug gegeben haben. In Deutschland setzte sich unterdessen unter ebenfalls vergleichbaren Bedingungen ein antagonistisches Modell des Parteienwettbewerbs durch, in dem Große Koalitionen allenfalls als Notlösungen betrachtet werden und Minderheitsregierungen auf generelle Ablehnung stoßen. Der Vergleich macht zugleich deutlich, welche Bedeutung dem Verhalten von Akteuren bei den institutionellen Weichenstellungen zukommt. So war es in der Bundesrepublik keineswegs ausgemacht, dass sich die kleine Koalition nach 1949 als Standardformat der Bundesregierung durchsetzen würde. Erst Adenauers bewusste Entscheidung für eine bürgerliche Koalition (die von der SPD unter Kurt Schumacher mit einem kompromisslosen Oppositionskurs beantwortet wurde) ebnete dem gegnerschaftlichen Modell des Parteienwettbewerbs den Weg.

Stecken die institutionellen und politisch-kulturellen Merkmale den Rahmen ab, in dem sich die Parteien als Teil des politischen Systems bewegen, so geht der unmittelbarste Einfluss auf die Struktur des Parteiensystems vom *Wahlrecht* aus. Der älteren, überwiegend institutionalistisch geprägten Politikwissenschaft galt dieser Einfluss als geradezu mechanistisch, weshalb man ganz bestimmte Gesetzmäßigkeiten im Verhältnis von Wahl- und Parteiensystem identifizieren zu können glaubte (Duverger 1959). Spätere Erklärungen setzten demgegenüber eher historisch-soziologisch an, betrachteten die Parteien als Produkt gesellschaftlicher Konflikt- und Spannungslinien (s. u.). Beide Erklärungsansätze sind verfehlt, soweit sie deterministisch argumentieren. So kann z. B. der institutionelle Ansatz nicht erklären, weshalb ein und dasselbe Wahlsystem in verschiedenen Ländern oder zu verschiedenen Zeitpunkten unterschiedlich wirkt. Der soziologische Ansatz läuft wiederum Gefahr, den *cultural fit* von Wahlsystemen zu überschätzen, so als ob sich die regierenden Eliten bei deren Etablierung nur von hehren Prinzipien leiten ließen. Tatsächlich waren und sind es meistens ganz profane Gesichtspunkte des Machterhalts, die der Entscheidung für das eine oder andere System zugrunde liegen.

Was für die ursprüngliche Etablierung der Wahlsysteme gilt, gilt auch für ihre Reform.

„Wohl bei keiner anderen Gesetzgebung ist die jeweilige Parlamentsmehrheit so sehr in ihrem Eigeninteresse befangen wie bei der Wahlgesetzgebung, da es um die Basis ihrer eigenen Existenz als Mehrheit geht" (Meyer 1987: 265 f.).

Hier – und nicht in ihrer vermeintlichen kulturellen Verwurzelung – ist der Hauptgrund zu sehen, warum sich Wahlsysteme, wenn sie einmal Bestand haben, nur schwer verändern lassen. In den meisten Fällen scheitern solche Bestrebungen bereits daran, dass das Wahlsystem in der Verfassung festgeschrieben steht. So halten es bis heute die Mehrzahl der Demokratien, während in einem kleineren Teil der Länder nur die elementaren Wahlrechtsprinzipien Verfassungsrang haben und das Wahlsystem selbst einfachgesetzlich geregelt ist.[3] Dass dies die Stabilität der Regelungen nicht beinträchtigen muss, zeigt das Beispiel der Bundesrepublik.

---

3 Unter den westeuropäischen Ländern trifft das neben der Bundesrepublik auf Finnland, Frankreich, Griechenland, Großbritannien, Italien und Schweden zu. Auch in den deutschen Ländern sind die Wahlsysteme einfachgesetzlich geregelt. Die einzige Ausnahme bildet Rheinland-Pfalz, das die „mit der Personenwahl verbundene Verhältniswahl" in Art. 80 Abs. 1 seiner Verfassung festschreibt. In Hamburg ist das Wahlgesetz seit 2009 de facto konstitutionalisiert, da es laut Art. 6 Abs. 4 der Verfassung nur mit qualifizierter Mehrheit geändert werden kann.

Als Teil des umfassenderen Wahlrechts beschreibt das Wahlsystem den Modus, nach dem

die Wähler ihre Partei- und/oder Kandidatenpräferenz in Stimmen ausdrücken und diese in Mandate übertragen werden. [...] Wahlsysteme regeln diesen Prozess durch Festlegung der Wahlkreiseinteilung, der Wahlbewerbung, der Stimmgebung und der Stimmenverrechnung (Nohlen 2009: 61).

Die Vielfalt der Wahlsysteme in den demokratisch verfassten Staaten ist schier unbegrenzt. Durch Verfassungsgebungen in den neuen und Reformen in den alten Demokratien hat sie in den letzten Jahrzehnten noch zugenommen. Dessen ungeachtet lassen sich die Systeme weiterhin auf zwei Grundtypen zurückführen, die die Wahlrechtsdiskussion seit der Mitte des 19. Jahrhunderts begleiten. So wie in der Typologie der Regierungssysteme die parlamentarische und präsidentielle Regierungsform voneinander unterschieden werden, so stehen sich in der Typologie der Wahlsysteme die Mehrheits- und Verhältniswahl als Antipoden gegenüber.

Es hat sich der Vorschlag von Nohlen (2009: 140 ff.) weitgehend durchgesetzt, die Unterscheidung der Grundtypen primär daran festzumachen, welches Repräsentationsprinzip ihnen als Zielvorstellung zugrunde liegt. Die Mehrheitswahl möchte zu einer möglichst reibungslosen und klaren parlamentarischen Mehrheitsbildung beitragen – „und zwar gerade dann, wenn keine Wählermehrheit vorhanden ist" (Meyer 1987: 261). Das Verhältniswahlsystem strebt demgegenüber eine möglichst getreue Abbildung der sozialen und politischen Kräfteverhältnisse im Parlament an. „Stimmenanteile und Mandatsanteile sollen sich in etwa entsprechen" (Nohlen 2009: 142). Anknüpfend an diesen Vorschlag hat Klaus Poier (2009: 53 ff.) jeweils sechs Varianten der Mehrheits- und Verhältniswahl unterschieden.

Unter die Mehrheitswahlsysteme fallen

- die relative Mehrheitswahl
- die absolute Mehrheitswahl
- die Mehrheitswahl in Mehrpersonenwahlkreisen mit Minderheitenvertretung (einschließlich des Systems der „nicht übertragbaren Einzelstimme")
- die Verhältniswahl in kleinen Wahlkreisen
- die Mehrheitswahl mit proportionaler Zusatzliste (Graben- oder Parallelsystem)
- das Verhältniswahlsystem mit Mehrheitsprämie

Zu den Verhältniswahlsystemen sind zu rechnen

- die Verhältniswahl in Mehrpersonenwahlkreisen
- die kompensatorische Verhältniswahl (ein Teil der Mandate wird nach dem Mehrheitsprinzip in Einerwahlkreisen vergeben)
- die personalisierte Verhältniswahl
- die übertragbare Einzelstimmgebung (single transferable vote)[4]
- die Verhältniswahl in einem Wahlkreis mit Sperrklausel
- die reine Verhältniswahl

Die nachfolgende Tabelle zeigt, dass in Europa die Verhältniswahlsysteme klar dominieren (32 von 40 Ländern). Unter diesen ziehen wiederum die meisten Länder (19) die Verhältniswahl in Mehrpersonenwahlkreisen vor.

Abb. 1: Wahlsysteme in Europa

Mehrheitswahlsysteme	**7**	
relative Mehrheitswahl	1	Großbritannien
absolute Mehrheitswahl	2	Frankreich, Weißrussland
Verhältniswahl in kleinen Wahlkreisen	2	Irland, Malta
Mehrheitswahl mit proportionaler Zusatzliste		Italien (1993 bis 2005)
Verhältniswahl mit Mehrheitsprämie	2	Griechenland, Italien (seit 2005)
paritätische Grabensysteme	**1**	Litauen, Russland (1993 bis 2003)
Verhältniswahlsysteme	**32**	
Verhältniswahl in Mehr-personenwahlkreisen	19	Belgien, Bosnien-Herzegowina, Bulgarien, Estland, Finnland, Island, Kroatien, Lettland, Luxemburg, Mazedonien, Norwegen, Polen, Portugal, Rumänien, Schweden, Schweiz, Slowenien, Spanien, Tschechien
kompensatorische Verhältniswahl	2	Albanien, Ungarn
personalisierte Verhältniswahl	1	Deutschland
Verhältniswahl in einem Wahlkreis mit Sperrklausel	9	Dänemark, Moldova, Montenegro, Österreich, Russland (seit 2003), Serbien, Slowakei, Ukraine, Zypern
reine Verhältniswahl	1	Niederlande

(Quelle: Poier 2009: 67, modifizierte Darstellung)

---

4   Dieses Verfahren wird in Irland angewandt. Nohlen (2009: 213) ordnet es dort aufgrund der geringen Größe der Mehrpersonenwahlkreise der Mehrheitswahl zu, obwohl die Mandate in den Wahlkreisen selbst nach Proporz vergeben werden.

Die unterschiedlichen Wirkungen der Wahlsystemtypen lassen sich an der durch sie erzeugten Stimmen-Mandate-Relation ablesen (*Proportionalitätsindex*). Weil in Mehrheitswahlsystemen die Stimmen für die unterlegenen Wahlkreiskandidaten unter den Tisch fallen, ist die Disproportionalität hier besonders hoch, wodurch die Herausbildung einer Zweiparteienstruktur begünstigt wird. Allerdings kann die Mehrheitswahl das Hinzutreten weiterer Parteien nicht immer verhindern. Dies gilt insbesondere für solche Länder, in denen es regionale Ballungen ethnisch-sprachlicher Minderheiten gibt (z. B. Kanada). Auch das in Frankreich angewandte absolute Mehrheitswahlrecht ist mit einer Mehrparteienstruktur kompatibel, da es einen Anreiz bietet, Wahlbündnisse zu schließen (indem in den Wahlkreisen gemeinsame Kandidaten aufgestellt oder unterstützt werden).

Beim Verhältniswahlrecht werden die Sitze proportional zu den erhaltenen Stimmen verteilt. Es dominiert das Prinzip der Listenwahl, wobei zwischen starren, lose gebundenen und freien Listen unterschieden wird. (Die beiden letztgenannten erlauben es dem Wähler, über die Rangfolge der Kandidaten mitzubestimmen.) Verhältniswahlsysteme machen die Herausbildung von Mehr- oder Vielparteiensystemen wahrscheinlich. Wie die Zweieinhalbparteiensysteme Deutschlands und Österreich bis zu Beginn der 1980er Jahre gezeigt haben, ist ein solcher Effekt aber ebenfalls nicht zwingend. Um eine übermäßige Fragmentierung des Parteiensystems zu verhindern, kann das Proporzprinzip durch Sperrklauseln eingeschränkt werden. In der Bundesrepublik besteht die Fünfprozentklausel auf der nationalen Ebene seit der Bundestagswahl 1953; darüber hinaus wird sie in allen Bundesländern angewandt (aber nicht mehr in den Kommunen). In den anderen europäischen Ländern reichen die Hürden von lediglich 0,67 % in den Niederlanden bis zu 5 % in den meisten Staaten Mittelosteuropas.

Die Konzentrationstendenzen im Parteiensystem, die das Mehrheitswahlrecht oder ein Verhältniswahlsystem mit Sperrklauseln erzeugen, verstärken sich selbst durch ihre psychologischen Auswirkungen auf das Wahlverhalten: Da die Wähler um die verzerrenden Wirkungen des Wahlsystems wissen, stimmen sie von vornherein für eine der großen Parteien (im Mehrheitswahlsystem) bzw. für diejenigen Parteien, die Aussicht haben, die Sperrklausel zu überwinden. Auf der Anbieterseite zeigt sich dasselbe Phänomen: Die dominanten Parteien in einem Zweiparteiensystem sind für die Aufrechterhaltung des Mehrheitswahlrechts, um die lästige Konkurrenz dritter Parteien zu unterbinden. Umgekehrt setzen sich die meisten

Parteien in einem Vielparteiensystem für den Fortbestand der Verhältniswahl ein, da sie ansonsten um ihre parlamentarische Existenz fürchten
müssten oder nicht mehr an der Regierung beteiligt sein könnten.

Das Wahlsystem der Bundesrepublik

Das bundesdeutsche Wahlsystem, das in seiner Grundstruktur seit 1953
unverändert besteht, wird in der Literatur häufig missverständlich als
„Mischwahlsystem" apostrophiert. Die Kategorisierung rührt aus der Verbindung von Personen- und Parteienwahl, die das Zweistimmensystem
ermöglicht. Mit der Erststimme wählt der Bürger „seinen" Abgeordneten
im Wahlkreis, mit der Zweitstimme eine der von den Parteien nach Bundesländern getrennt aufgestellten Parteilisten. Da für die Berechnung der
Mandatsanteile ausschließlich das Zweitstimmenergebnis herangezogen
wird, handelt es sich – wenn man vom Repräsentationsziel ausgeht – um
ein reines Verhältniswahlsystem. Die Erststimme wirkt sich nur auf die
personelle Zusammensetzung des Bundestages aus, indem die in den 299
Einerwahlkreisen nach den Regeln der relativen Mehrheitswahl gewählten Abgeordneten auf die Mandatsanteile angerechnet werden. Die anderen 299 Sitze füllen die Parteien über ihre Listen auf.

Während das „personalisierte" Verhältniswahlsystem in der internationalen Literatur überwiegend gute Noten erhält, stößt es hierzulande
aus zwei Gründen auf Kritik: Zum einen erweckt die Bezeichnung „Erst-
und Zweitstimme" den Eindruck, beide Stimmen seien gleichgewichtig
oder die Erststimme überwiege die Zweitstimme sogar in der Bedeutung.
Umfragen zufolge wählt regelmäßig ein Viertel bis ein Drittel der Bundesbürger unter diesen falschen Annahmen. Und zweitens wird der personelle Effekt der Erststimme überschätzt, weil viele unterlegene Wahlkreiskandidaten über sichere Listenplätze dennoch ins Parlament einziehen
und eine Änderung der Listenreihenfolge durch den Wähler nicht möglich
ist. Unterschiedliche Bewertungen erfährt die Praxis des Stimmensplit-
tings, die stetig zugenommen und sich bei den letzten Wahlen in einer
Größenordnung von etwa 20 % eingependelt hat. Während die einen in
der Möglichkeit des strategischen oder taktischen Wählens einen begrü-
ßenswerten Zugewinn an Partizipation sehen, warnen die anderen vor
den damit verbundenen Manipulationsgefahren. Letzteres hängt vor allem
mit der möglichen Entstehung sogenannter „Überhangmandate" zusammen (s. u.).

Eine Einschränkung erfährt das Proportionalitätsprinzip durch die Fünfprozenthürde, die mit dazu beitrug, dass von Mitte der 1950er bis Anfang der 1980er Jahre lediglich eine Partei – die FDP – an der Seite der beiden Volksparteien überleben konnte und im Parteiensystem ihren Platz behielt. Gleichwohl blieben die disproportionalen Wirkungen der Sperrklausel in dieser Phase gering, fielen ihr also nur wenige Stimmen zum Opfer. Beide Bedingungen haben sich seither erschwert. Nachdem mit den Grünen und der Linkspartei/PDS zwei weitere Parteien die Fünfprozenthürde dauerhaft überwinden konnten[5], ist die Sperrklausel einerseits kein sicherer Garant mehr für einfache und stabile Regierungsbildungen. Auf der anderen Seite treten ihre unerwünschten demokratischen Nebenwirkungen durch den wachsenden Anteil der nicht repräsentierten Stimmen stärker hervor, der eine Folge der gestiegenen Volatilität darstellt. Gerade das zeigt aber, dass sich die Fünfprozenthürde in ihrer Konzentrationswirkung weiter bewährt. Deshalb wird ihre Legitimation von niemandem ernsthaft in Zweifel gezogen.

Ganz anders verhält es sich mit den *Überhangmandaten*, um die seit fast zwei Jahrzehnten ein heftiger verfassungsrechtlicher und verfassungspolitischer Streit geführt wird. Überhangmandate sind eine Begleiterscheinung des deutschen Zweistimmensystems. Sie entstehen, wenn eine Partei in einem Bundesland mehr Direktmandate erringt, als ihr nach dem Anteil der dort abgegebenen Zweitstimmen zustehen. Je mehr solcher Mandate anfallen, umso stärker verzerren sie das Verhältnisstimmenergebnis, das sich aufgrund der Zweitstimmen ergibt. Bis zur deutschen Einheit wurde dieser Makel nicht als gravierend empfunden, weil nur wenige Überhangmandate anfielen. Ihre starke Zunahme seit 1990 hängt mit den veränderten parteipolitischen Kräfteverhältnissen zusammen. Der rückläufige Zweitstimmenanteil der beiden Volksparteien führt dazu, dass die jeweils stärkere Partei weiterhin mit einer hohen Quote von Direktmandaten rechnen kann, die aber durch die gleichzeitig erreichten Zweitstimmen nicht mehr automatisch gedeckt sind. Bedingt durch die Konkurrenz einer starken dritten Partei – der PDS – trat dieser Effekt bis 2009 vorrangig in den neuen Ländern auf. Dass er sich bei der letzten Bundestags-

---

5 Vor ihrem endgültigen Durchbruch als gesamtdeutsche Kraft im Jahre 2005 profitierte die PDS dabei auch von der sogenannten Grundmandatsklausel. Diese bestimmt, dass eine Partei, die drei Direktmandate gewinnt, von der Fünfprozentklausel ausgenommen ist und im Verhältnis ihrer Zweitstimmen bei der Mandatsvergabe berücksichtigt wird.

wahl zugleich in den alten Ländern auswirkte, lag am großen Stimmenvorsprung der Union vor der SPD, der es CDU und CSU trotz eines im Vergleich zu 2005 nochmals verschlechterten Zweitstimmenergebnisses ermöglichte, eine erhebliche Zahl an zusätzlichen Direktmandaten zu ergattern. Die verstärkte Bereitschaft ihrer Wähler zum Stimmensplitting kam ihnen dabei zu Hilfe.

Das Bundesverfassungsgericht, das mit dem Problem mehrmals befasst war, konnte sich bislang nicht durchringen, die Überhangmandate für verfassungswidrig zu erklären. Auch mit dem Urteil vom 3. Juli 2008 wurde dem Gesetzgeber lediglich aufgegeben, einen Auswuchs der Überhangmandate zu beseitigen, nämlich das sogenannte „negative Stimmgewicht". Eine Partei kann danach durch weniger Zweitstimmen mehr Mandate gewinnen und durch mehr Zweitstimmen Mandate verlieren, was laut Karlsruhe gegen den Grundsatz der gleichen Wahl verstößt. Mit der Fokussierung auf das negative Stimmgewicht haben die Richter dem Reformanliegen letztlich einen Bärendienst erwiesen. Da Union und FDP kein Interesse zeigen, die Überhangmandate, von denen sie in der aktuellen Konstellation des Parteiensystem am meisten profitieren, ganz oder weitgehend zu eliminieren, könnten sie ihre eigene Mehrheit nutzen, um eine Reform des Wahlgesetzes gegen den Willen der Oppositionsparteien durchzusetzen. Der von ihnen präferierte Lösungsvorschlag sieht eine Auflösung der bisherigen Listenverbindungen der Parteien und Behandlung der Bundesländer als abgeschlossene Wahlgebiete vor, wodurch das negative Stimmgewicht – angeblich – vermieden wird, die Überhangmandate aber im bisherigen Umfang erhalten bleiben können. Ob die Regierungsseite mit der Verweigerung einer Konsenslösung gut beraten ist, lässt sich bezweifeln. Nicht nur, dass SPD und Grüne versuchen könnten, darauf mit Absprachen über gemeinsame Wahlkreiskandidaten zu reagieren. Die Regierung läuft auch das Risiko, bei einer erneuten Verfassungsklage vor dem Bundesverfassungsgericht zu unterliegen.

Die wünschenswerte Konsenslösung, auf die man sich bei gutem Willen und hinreichender Klugheit schon jetzt hätte verständigen können, wird also wohl eines nochmaligen Richterspruchs bedürfen. Sie sieht vermutlich so aus, dass man den Anteil der Direktmandate an der Gesamtzahl der Mandate auf 40 % oder ein Drittel absenkt. Unterhalb dieser Schwelle dürften Überhänge dann kaum noch entstehen. Oder man entscheidet sich für eine Kombination aus geringerer Absenkung und Ausgleichsmandaten, wobei letztere aber – wegen der durch sie bewirkten Aufblähung des Parlaments – nur eine *Second Best*-Lösung darstellen. Ein kompletter Neuzuschnitt der Wahlkreise wäre bei beiden Lösungen unumgänglich. Weitergehende Reformen wie eine Abschaffung des intransparenten Zweistimmensystems oder die Zulassung offener Listen erscheinen dagegen zur Zeit noch als Zukunftsmusik. Ob sich das Chancenfenster hierfür irgendwann öffnen wird, hängt von der Entwicklung der Kontextbedingungen ab – insbesondere derjenigen des Parteiensystems.

3 Parteiensystem und gesellschaftliche Konfliktlinien

Damit wendet sich der Blick zu den gesellschaftlichen Wurzeln der Parteien. Dominierte in der älteren Politikwissenschaft die Vorstellung, dass die Parteiensystemstruktur in erster Linie durch das Wahlrecht geprägt sei, so betrachtet die heutige Parteienforschung das Wahlrecht eher als intervenierende Variable. Die Entscheidung für dieses oder jenes System ist danach kein Zufall, sondern hängt wesentlich von den gesellschaftlichen Bedingungen ab, denen die parteipolitischen Akteure unterliegen. Die Parteien sind – mit anderen Worten – ein Produkt sozialstruktureller Konflikt- und Spannungslinien (*cleavages*), die die Gesellschaft in verschiedene Gruppen teilen. Unterstellt wird dabei eine Wechselbeziehung zwischen den Angehörigen der durch gemeinsame soziale und Lebensstilmerkmale charakterisierten Milieugruppen und den sie vertretenden Parteien.

> „Erstere wählen Parteien, um ihre gruppenspezifischen Interessen, Normen und Werte politisch durchzusetzen, letztere gestalten politische Konflikte aktiv mit, um dadurch bei Wahlen ihre typischen Wählergruppen zu mobilisieren und ihren Stimmenanteil zu maximieren. Die Übersetzung gesellschaftlicher Konflikte in den Bereich der Politik hinein ist damit maßgeblich von der Mobilisierungswirkung der Parteien abhängig" (Gluchowski/von Wilamowitz-Moellendorff 1997: 182).

Das *Cleavage*-Konzept geht davon aus,

> „dass Parteiensystem und Wahlverhalten in einer Gesellschaft ihre Grundlage in einer ‚politisierten Sozialkultur' besitzen. Das ist nicht selbstverständlich. Grundsätzlich wäre sehr wohl denkbar, dass Spannungslinien, die eine Gesellschaft durchziehen, sich nicht unmittelbar in den politischen Raum hinein verlängern oder nur in einem Verbandssystem, nicht jedoch in einem Parteiensystem und einem damit verbundenen Wahlverhalten ihren politischen Ausdruck finden" (Rohe 1992: 22).

Cleavages dürfen also nicht mit bloßen Interessenlagen gleichgesetzt oder gar auf materielle Interessenaspekte verkürzt werden. Der analytische

Nutzen des Begriffes liegt darin, dass sich sozialstrukturelle Merkmale und politische Streitfragen (issues) hier in Gestalt der Konfliktlinien auf halbem Wege treffen: Nach der einen Seite hin sind Cleavages ein Ausdruck der sozialen Verhältnisse, können sie an Eigenschaften wie Erwerbsposition, Gruppenzugehörigkeit oder Lebensstil festgemacht werden; nach der anderen Seite dienen sie als analytische Klammer, um eine Vielzahl von politischen Streitfragen zu wenigen Grundkonflikten zusammenzufassen.

Das Cleavage-Konzept wurde in den 1960er Jahren von dem amerikanischen Soziologen Seymour Martin Lipset und seinem norwegischen Kollegen Stein Rokkan erstmals vorgestellt und anschließend von Rokkan in zahlreichen Publikationen weiter entwickelt. Ausgangspunkt ist das Vorhandensein latenter Interessengruppen in einer Gesellschaft – seien es soziale Klassen, Religionsgemeinschaften oder ethnische Minderheiten –, entlang derer sich die trennenden Konfliktlinien herausbilden. Lipset und Rokkan nehmen freilich an, dass solche Konfliktlinien nicht von sich aus zur Partei- und Lagerbildung führen, sondern erst dann, wenn sie durch vorhandene Eliten politisch aufgeladen werden. Dasselbe gilt für ihren weiteren Bestand.

> „Zwar kann man grundsätzlich davon ausgehen, dass es so etwas wie einen Primat des Etablierten gibt. Eben deshalb ist es wichtig, Schwellenzeiten, in denen sich ein Parteiensystem gesellschaftlich breiter auskristallisiert, in denen die ‚ursprüngliche politische Akkumulation' stattfindet, besondere Aufmerksamkeit zu widmen. Dennoch gilt: Parteiensysteme und damit die Beziehungen zwischen Wählern und politischen Eliten bedürfen der ständigen Pflege und symbolischen Erneuerung, wenn sie nicht erodieren sollen. Umgekehrt heißt das: Der Wandel von Parteiensystemen kann seine Ursache nicht nur darin haben, dass ihre gesellschaftliche und kulturelle Basis gleichsam ‚weggerutscht' ist, sondern auch darin, dass politische Eliten es bewusst oder unbewusst versäumt haben, die ‚politische Koalition' mit bestimmten Wählersegmenten stets aufs Neue symbolisch zu erneuern" (Rohe 1992: 25).

Für die Parteien – auch die heutigen – heißt das, dass sie sich nicht damit zufrieden geben können, die wechselbereiten Wähler anzusprechen und zu gewinnen; sie müssen sich auch um die Mobilisierung ihrer Stammklientel bemühen.

Unterstellt, dass die latenten Interessenkonflikte in den verschiedenen europäischen Gesellschaften im Prinzip dieselben waren (oder sind), liegt die Frage nahe, warum sich die nationalen Parteiensysteme in Europa (und später Nordamerika) dennoch abweichend voneinander entwickelt haben. Auch hier gibt das Verhalten der politischen Eliten wichtige Antworten. Eine Grundannahme der *Cleavage*-Theorie lautet, dass zum Zeitpunkt der Entstehung der Parteiensysteme verschiedene Koalitionsmöglichkeiten offen standen. Legte sich eine Elite oder Partei im Hinblick auf eine Konfliktlinie fest, so war das noch kein Präjudiz für die Haltung in einer anderen Streitfrage. So sind die Katholiken in den USA eine Koalition mit den „linken" Demokraten eingegangen, während sie in Europa dem konservativen oder christdemokratischen Lager zuneigten. In Großbritannien und Deutschland waren die Konservativen in der Lage, die Interessen von Landbesitzern und Industriellen in einer gemeinsamen Front zusammenzuführen. Die städtisch geprägte skandinavische Rechte brachte dagegen keine dauerhafte Allianz mit den Agrariern zustande; diese orientierten sich stattdessen in Richtung Sozialdemokratie (so in Schweden) oder in Richtung eigener Bauernparteien (so in Norwegen und Dänemark, wo diese – unter dem Namen *Venstre* – bis heute die liberale Kraft im Parteiensystem darstellen und aufgrund ihrer breiteren gesellschaftlichen Basis erfolgreicher sind als ihre Schwesterparteien im übrigen Europa). Die Beispiele solcher Abweichungen ließen sich beliebig fortsetzen. Entscheidend für die Entstehung der Parteien ist immer, ob und zu welchem Zeitpunkt die Elite sich zur Koalition mit einer bestimmten Bevölkerungsgruppe entschließt. Die unterschiedlichen Festlegungen erklären, weshalb die nationalen Parteiensysteme in Europa trotz vergleichbarer Konfliktlagen erhebliche Unterschiede aufweisen.

Der bleibende Wert des Ansatzes von Lipset/Rokkan besteht darin, dass er die Weggabelungen der Parteiensysteme in den einzelnen Ländern identifiziert und nachzeichnet. Die Grundlage dafür schafft eine historische Genealogie, in der die gemeinsamen Konfliktlinien der europäischen Gesellschaften auf systematische Art dargestellt werden. Diese Genealogie hat an Faszination bis heute nichts eingebüßt. In einer modifizierten Fassung des ursprünglichen Modells unterscheidet Rokkan vier Hauptspaltungslinien, die der Parteienbildung zugrunde liegen (Staat versus Kirche, ethnisch-sprachliche Spaltung, Stadt versus Land, Besitz versus Arbeit), wobei die beiden erstgenannten auf die Prozesse der Nationwerdung und Säkularisierung, die letztgenannten auf den Industrialisierungsprozess zurückgeführt werden. Um sie analytisch voneinander abzugrenzen, fasst Rokkan die Konfliktlinien in ein zweidimensionales Schema, das sich aus einer funktionalen (Ökonomie – Kultur) und einer territorialen Achse (Zentrum – Peripherie) zusammensetzt.

Abb. 2: Historisches Konfliktlinienmodell

Zentrum		
Spaltung Besitz – Arbeit	Spaltung Staat – Kirche	
Wirtschaft ————————	—————— Kultur	
Stadt-Land Spaltung	ethnisch- sprachliche Spaltung	*Funktionale Dimension*
Peripherie		
Territoriale Dimension		

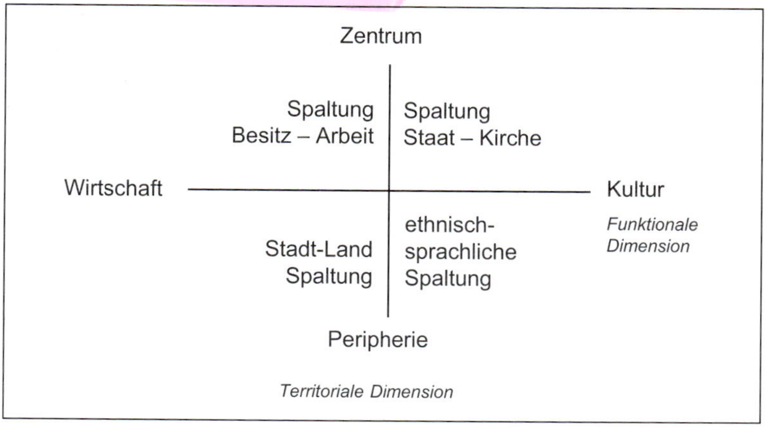

(Quelle: Rokkan 1980: 121)

Das Konfliktlinienmodell ist selbstverständlich nicht ohne Kritik geblieben. Grundsätzliche theoretische Einwände müssen dabei von Zweifeln an seiner empirischen Gültigkeit unterschieden werden. Unter theoretischen Gesichtspunkten wird z. B. moniert, dass das Schema nicht alle relevanten Interessengegensätze abbilde. Fraglich ist etwa, ob der für Deutschland so charakteristische Konfessionskonflikt ohne weiteres gleichgesetzt werden kann mit dem Säkularisierungs- oder Staat-Kirche-Konflikt. Folgt man Rohe (1992: 23), dann fällt er aus dem Schema von Lipset und Rokkan im Grunde heraus.

> *„Er ist in gewisser Weise ein älterer Konflikt, der den Prozessen der Nationalstaatsbildung und Industrialisierung bereits vorausgeht, gleichwohl in allen gemischt-konfessionellen Staaten eine Parteiensystem bildende Kraft besitzt."*

Ein weiterer theoretischer Einwand betrifft die Gegenüberstellung von stärker kulturell und stärker ökonomisch verankerten Konfliktlagen. Das ist an sich eine sinnvolle Unterscheidung.

> *„Dennoch muss man fragen, ob beide eigentlich in gleicher Weise parteibildend sind, wie das ,Cleavage'-Modell unterstellt. Tatsächlich spricht viel für die Annahme, dass rein ökonomische Interessenlagen nur zu Verbandsbildungen, nicht jedoch zu dauerhaften Parteibildungen führen, und dass nur jene Konfliktlagen, die kulturell aufgeladen sind, eine dauerhafte politische Auskristallisation ermöglichen" (Rohe 1992: 23 f.).*

So lässt sich z. B. die gemessen an den westeuropäischen Parteiensystemen schwache Ausprägung des Klassen*cleavages* in den USA darauf zurückzuführen, dass die Verteilungskonflikte dort – anders als in Europa – kulturell entschärft geblieben sind. Amerika hat deshalb nur eine gewerkschaftlich organisierte Arbeiterbewegung hervorgebracht, aber keine relevante sozialistische Partei.

Die kulturelle Überformung der gesellschaftlichen Konflikte wird durch den Milieuansatz besser zum Ausdruck gebracht als durch die *Cleavage*-Theorie. Während letztere eine künstliche Trennung zwischen ökonomischen und kulturellen Konflikten vornimmt, ist das Milieu laut der bekannten Definition von M. Rainer Lepsius (1966: 383) gerade durch die

„Koinzidenz mehrerer Strukturdimensionen wie Religion, regionale Tradition, wirtschaftliche Lage, kulturelle Orientierung, schicht-spezifische Zusammensetzung der intermediären Gruppen"

charakterisiert, die einem bestimmten Teil der Bevölkerung zugeordnet werden. Postuliert der *Cleavage*-Ansatz, dass die gegeneinander abgegrenzten Lager vor allem durch gemeinsame Interessen definiert sind, so stellen sie gemäß der Milieutheorie zugleich Gesinnungsgemeinschaften dar, die dieselbe Denk- und Lebensweise teilen. Unter der sprichwörtlichen Auflösung der Milieus wird ein Prozess verstanden, in dessen Verlauf sich die einzelnen Strukturmerkmale dieser Gemeinschaften allmählich voneinander entkoppeln. Die dadurch bewirkte Abschwächung der Beziehungen zwischen Milieus und Parteien entspricht – im Vokabular der *Cleavage*-Theorie – dem Bedeutungsverlust der parteienbildenden Konfliktlinien.

Damit ist die zweite Stoßrichtung der Kritik an der *Cleavage*-Theorie angesprochen, die empirische. Eine zentrale Feststellung von Lipset und Rokkan lautet, dass die am Anfang eingegangenen Koalitionen *auf Dauer* Bestand haben: Hat sich eine Elite oder Partei der Unterstützung einer bestimmten Bevölkerungsgruppe erst einmal versichert, kann sie auf deren langfristige Loyalität rechnen. Der Bestand der Koalition basiert auf der Möglichkeit wechselseitiger Einflussnahme,

„z. B. durch Abgeordnete, die die Gruppeninteressen innerhalb der Parlamentsfraktion vertreten, durch die Umsetzung von Gruppenforderungen in die Regierungspolitik, durch Ausbildung einer gemeinsamen Ideologie und durch knappe Mehrheitsverhältnisse, die die Partei auf die Gruppen angewiesen bleiben lassen. Alle diese Faktoren können die Stabilität der sozialen Konfliktlinien erklären gegenüber kurzfristigen Bewegungen auf

dem Wählermarkt, denen zum einen eine Verankerung in der Sozialstruktur fehlt und die zum anderen keine dauerhaften Institutionen im Rahmen des bestehenden Parteien- und Konfliktsystems ausbilden" (Pappi 1992: 195).

Von dieser politischen Selbststabilisierung ausgehend halten Lipset und Rokkan die Entwicklung der Parteiensysteme bereits in den zwanziger Jahren für vollendet. Der Mobilisierungsprozess kommt zum Abschluss, nachdem mit der Durchsetzung des allgemeinen Wahlrechts auch der letzte unter den großen gesellschaftlichen Konflikten – der Konflikt zwischen Kapital und Arbeit – parteiförmig umgesetzt ist. Dies führt die Autoren zu ihrer berühmten These von den „eingefrorenen" Konfliktlinien:

„Die Parteiensysteme der 1960er Jahre reflektieren – mit wenigen, aber bedeutsamen Ausnahmen – die Cleavage-Strukturen der zwanziger Jahre" (Lipset/Rokkan 1967: 50, eigene Übersetzung).

Doch wie steht es mit der Anwendbarkeit der Theorie auf die Zeit danach? Es ist nicht ohne Ironie, dass just zu dem Zeitpunkt, da Lipset und Rokkan ihren Aufsatz verfassten, 1967, beiderseits des Atlantiks Krisenzeichen am Horizont aufleuchteten, die sich nachfolgend auch in einer Veränderung der Parteiensysteme niederschlugen. Auf der einen Seite verloren die großen Parteien des rechten und linken „Mainstreams" an Wählerunterstützung, auf der anderen Seite betraten neue – grüne, rechtspopulistische und regionalistische – Parteien die Bühne, von denen sich ein Teil in den politischen Systemen dauerhaft festsetzten.

Um die sozialstrukturellen Ursachen dieses Wandels zu verstehen, ist ein Rückblick auf die Hauptspaltungslinien erforderlich, entlang derer sich die großen, identitätsstiftenden Milieus in der Vergangenheit formiert haben. Für die Herausbildung der Parteiensysteme waren im 20. Jahrhundert insbesondere zwei Konflikte prägend: der religiös-konfessionelle und der Klassenkonflikt. Die Wurzeln des Klassenkonflikts reichen zurück bis in die Frühzeit der Industrialisierung. In seinem Rahmen positionierten sich die sozialdemokratischen bzw. sozialistischen Parteien als Interessenvertreterinnen der Arbeiterschaft, während die konservativen Parteien als Gegenpol für das Unternehmerlager eintraten. Die Bedeutung der religiös-konfessionellen Konfliktlinie lässt sich den Parteiensystemen zumeist nicht direkt ansehen. Am greifbarsten ist sie in den katholischen oder gemischt-konfessionellen Ländern, wo das bürgerliche Lager von christdemokratischen Parteien beherrscht wurde oder wird (so z. B. in Italien, Deutschland, Österreich und Belgien). Aus den katholischen Konfessionsparteien der Zwischenkriegszeit hervorgegangen, bilden diese einerseits das Gegenstück zu jenen liberalen und laizistischen Kräften, die seit dem 19. Jahrhundert wachsenden Einfluss auf die Staatsmacht erlangt hatten. Zum anderen stellen sie eine Reaktion auf den sich abschwächenden konfessionellen Gegensatz dar, der in der Nachkriegszeit von der allgemein-religiösen Konfliktlinie – die Spaltung in einen kirchennahen und kirchenfernen Bevölkerungsteil – mehr und mehr überlagert worden ist (von Beyme 1982: 116 ff.).

Der Bedeutungsverlust der einstmals parteienbildenden Konfliktlinien und Milieus spiegelt sich vor allem in der nachlassenden Bindungskraft der beiden großen – christdemokratisch-konservativen und sozialdemo-kratischen – Parteienfamilien (Gabriel 2010). Die Lockerung der Parteibindung, die in der Politikwissenschaft als *dealignment* bezeichnet wird, hat einen quantitativen und einen qualitativen Aspekt. Einerseits nimmt das zahlenmäßige Gewicht der Wählergruppen ab, die zur natürlichen Klientel der Parteien gehören. Andererseits werden die Bindungen auch auf der individuellen Ebene schwächer, indem die Parteien auf die Loyalität „ihrer" Wähler nicht mehr sicher vertrauen können. Wahlanalysen zeigen, dass die quantitativen Effekte bei beiden Konfliktlinien mehr zu

Abb. 3: Langfristige Parteibindung in der Bundesrepublik 1976 bis 2008

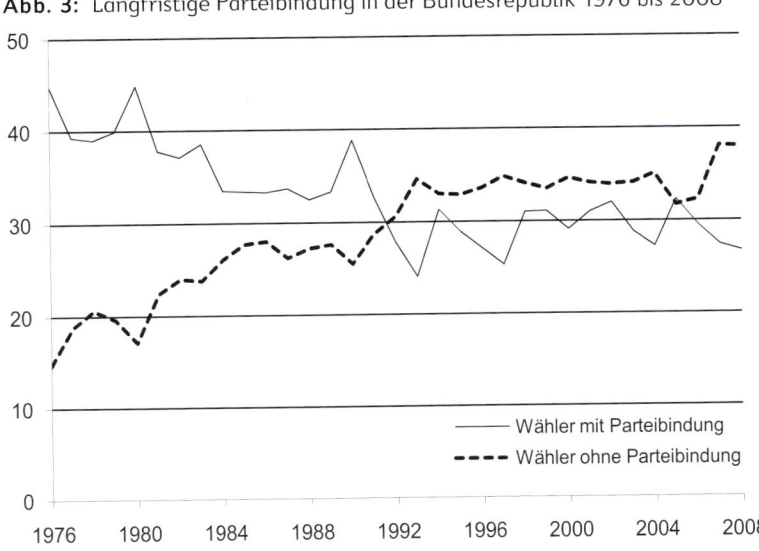

(Quelle: Forschungsgruppe Wahlen)

Buche schlagen als die qualitativen. So ist z. B. die Quote der regelmäßigen Kirchgänger unter den Katholiken, die sich durch große Treue zur CDU/CSU auszeichnen, in der Bundesrepublik in den letzten 50 Jahren von 50 % auf 13 % zurückgegangen. Nachdem die Katholiken heute insgesamt nur noch ein Drittel der Bevölkerung stellen, gehören damit weniger als 5 % der Wähler dieser Gruppe an. Ebenfalls, wenn auch nicht ganz so stark, ist der Anteil der gewerkschaftlich organisierten Arbeiter, Angestellten und Beamten geschrumpft, die die traditionelle Kernklientel der Sozialdemokratie ausmachen. Betrachtet man die Industriearbeiter im ganzen, so war deren Bereitschaft, SPD zu wählen, nur in den 1960er und 1970er Jahren besonders hoch. Vorher hatte das religiöse *Cleavage* den Klassenkonflikt noch zum Teil überlagert (indem Arbeiter mit starker Kirchenbindung den Christdemokraten zuneigten). Nachher führten der Wandel der Arbeitswelt und der damit einhergehende Rückgang des subjektiven Klassenbewusstseins dazu, dass die Bindung dieser Wähler an die Sozialdemokratie abnahm.

Über die Ursachen des *Dealignments* existiert eine umfangreiche Literatur. Drei Entwicklungen werden in der Regel angeführt, die eng miteinander zusammenhängen und sich zum Teil überschneiden:

- *Tertiarisierung und Ausbau des Wohlfahrtsstaates.* Während mit dem Übergang zur nachindustriellen Dienstleistungsökonomie die Grundlagen der alten Klassengesellschaft erodieren, sorgt der moderne Wohlfahrtsstaat gleichzeitig dafür, dass gesellschaftliche Aufgaben wie Erziehung und Bildung und die Bewältigung individueller Lebensrisiken (Krankheit, Alter, Arbeitslosigkeit) von gemeinschaftlichen Institutionen in die staatlichen Hände verlagert werden. Die Schutzfunktion der einstigen Milieus wird dadurch entbehrlich.
- *Individualisierung und Wertewandel.* Der Wandel der Arbeitswelt und Erwerbsformen, die steigenden Möglichkeiten und Bedürfnisse des Konsums sowie die Pluralität sozialer Normen und Werteinstellungen führen dazu, dass sich die individuellen Lebensverläufe und -stile immer stärker unterscheiden. Religiöse Werte verlieren im Zuge der Säkularisierung an Bedeutung, während auf der anderen Seite materielle durch immaterielle Wertvorstellungen abgelöst bzw. ergänzt werden.
- *Bildungsexpansion und Medienangebot.* Verbesserte Bildungs- und Ausbildungsmöglichkeiten sowie die technisch bedingte Vervielfachung des Medienangebots vervollständigen die Individualisierung der Lebensführung auf der Informationsseite. Sie wecken das Bedürfnis nach

mehr Partizipation, setzen Parteien und Politiker unter erhöhten Rechtfertigungsdruck und tragen dazu bei, dass kurzfristige Faktoren wie Kandidaten- und Themenorientierung für die Wahlentscheidung an Bedeutung gewinnen.

Zusammengefasst werden kann der gesellschaftliche Wandel im Begriff der „Pluralisierung". Diese findet ihren Niederschlag darin, dass

> „die großen Effekte der politisierten Sozialstruktur allmählich durch kleinere Effekte bestimmter sozialstruktureller Lagen abgelöst werden, die sich nicht mehr zu einem großen Gesamteffekt der ‚Sozialstruktur' oder zumindest der ‚Klassenstruktur' aufaddieren" (Pappi 2002: 42).

So wie der sozioökonomische Konflikt sich in mehrere disparate Verteilungscleavages „verflüchtigt", bei denen die Interessen der verschiedenen Gruppen – Leistungsempfänger und Steuerzahler, Beschäftigte in sicheren und prekären Arbeitsverhältnissen, Gewerkschaftsmitglieder und -nichtmitglieder usw. – immer weniger Übereinstimmungspunkte aufweisen, so werden auch die kulturellen Orientierungen und Lebensstilmerkmale vielfältiger. Gleichzeitig entkoppeln sich beide Aspekte, sodass von der sozialökonomischen Lage einer Person nur noch bedingt auf ihre Wertvorstellungen geschlossen werden kann. Konsumgewohnheiten, Erwerbsformen und das Partnerschaftsverhalten differenzieren sich aus und prägen das Identitätsgefühl stärker als die „objektive" Schichtzugehörigkeit.

Welche Konsequenzen ergeben sich daraus für das *Cleavage*-Modell? Wenn sich die Interessenlagen und Wertvorstellungen in der nachindustriellen Gesellschaft von den harten Merkmalen der Sozialstruktur ablösen, dann erscheint es sinnvoll, bei der Betrachtung der Konfliktlinien weniger auf die Beziehungen der Parteien zu bestimmten gesellschaftlichen Gruppen abzustellen als auf die von ihnen vertretenen ideologisch-programmatischen Grundpositionen. Diese werden auf der Wählerebene in erster Linie durch Einstellungsmerkmale reflektiert und nicht mehr durch die Zugehörigkeit zu einer sozialstrukturell abgrenzbaren Gruppe.

Das Konfliktlinienmodell der heutigen Parteiensysteme knüpft an die horizontale Achse des Schemas von Rokkan an, die in der funktionalen Dimension zwischen ökonomischen (*verteilungsbezogenen*) und kulturellen (*wertebezogenen*) Konflikten unterscheidet. Im Rahmen des sozioökonomischen Verteilungskonflikts stehen sich die Grundpositionen der Marktfreiheit und der sozialen Gerechtigkeit als Pole gegenüber. Die eine

Position sieht die Verteilungsergebnisse des Marktes im Prinzip als gerecht an, sofern sie nach bestimmten, staatlich gewährleisteten Grundregeln zustande kommen. Die andere Position betrachtet die Marktergebnisse als ungerecht und möchte sie durch wohlfahrtsstaatliche Umverteilungspolitik im Sinne einer größeren sozialen Gleichheit korrigieren. Die zweite Achse repräsentiert den soziokulturellen Wertekonflikt. Hier stehen auf der einen Seite libertäre Haltungen wie Toleranz, nonkonformistisches Denken, Kosmopolitismus und Multikulturalität, auf der anderen Seite autoritäre Haltungen wie Ordnungsdenken, Festhalten an konventionellen Lebensformen, übertriebener Nationalstolz (Chauvinismus) und Minderheitenfeindlichkeit.

Die zweidimensionale Aufteilung des politischen Raums liegt nicht im Widerspruch zur klassischen Links-Rechts-Unterscheidung, wie gelegentlich behauptet wird. Der Rekurs auf die ideologischen Grundpositionen der Parteien fügt sich im Gegenteil in das Richtungsschema gut ein. Das Konfliktlinienmodell geht davon aus, dass auf beiden Achsen rechte und linke Positionen unterschieden werden können. Auf der soziokulturellen Achse stehen sich links die libertäre Position und rechts die autoritäre Position gegenüber, während auf der sozioökonomischen Achse die Marktposition den rechten und die Gerechtigkeitsposition den linken Pol markiert. Dass die Links-Rechts-Zuordnung auf beiden Achsen nicht übereinstimmen muss, macht gerade den Nutzen des zweiteiligen Schemas aus. So ist es beispielsweise ein Charakteristikum vieler liberaler Parteien, dass sie auf der kulturellen Achse eher links und auf der ökonomischen Achse eher rechts anzutreffen sind. Damit unterscheiden sie sich von den christdemokratisch-konservativen Vertretern, die auf beiden Achsen rechts einzuordnen sind, wobei sie auf der ökonomischen Achse meistens nicht ganz so weit rechts stehen wie die Liberalen. Auch die linken Parteien lassen sich in dem Schema intuitiv gut einordnen, wie das deutsche Beispiel zeigt. Die Grünen stehen danach auf der kulturellen Achse am weitesten links, also in der Nähe des libertären Pols, während SPD und „Die Linke" etwa gleichlautend eine Position knapp links von der Mitte einnehmen. Auf der ökonomischen Achse wiederum sind die Grünen am wenigsten links, befinden sie sich nur knapp jenseits der Mitte. Die SPD nimmt auf dieser Achse eine mittlere Position ein, während die Linkspartei ganz in der Nähe des Gerechtigkeitspols siedelt.

Das Konfliktlinienschema ist auch deshalb hilfreich, weil es eine Differenzierung zwischen den offiziellen Positionen der Partei und den Einstellungen ihrer Wähler ermöglicht. Beide müssen nicht unbedingt übereinstimmen. Gerade bei den traditionellen (sozialdemokratischen oder sozialistischen) Vertretern der Linken, die ihre Entstehung der sozialökonomischen Konfliktlinie verdanken, ist es ein altbekanntes Phänomen, dass die Wähler in den kulturellen Fragen häufig weiter rechts stehen als die Partei (*working class authoritarianism*). Für diese Vertreter könnte es also durchaus lohnend sein, sich in der Wähleransprache bestimmter Versatzstücke rechtspopulistischer oder konservativer Ideologien zu bedienen, um die eigene Unterstützungsbasis zu verbreitern. Umgekehrt hat der unerwartet hohe Zulauf, den die neuen Rechtspopulisten unter Arbeitern und Arbeitslosen erzielen konnten, zu einer Linksverschiebung in deren Programmatik geführt. Nachdem diese zunächst noch sehr stark neoliberal akzentuiert war, treten die neuen Rechtsparteien heute in vielen Ländern als die vehementesten Verteidiger des Wohlfahrtsstaates auf.

Abb. 4: Zweidimensionales Konfliktlinienmodell der heutigen Parteiensysteme am Beispiel der Bundesrepublik

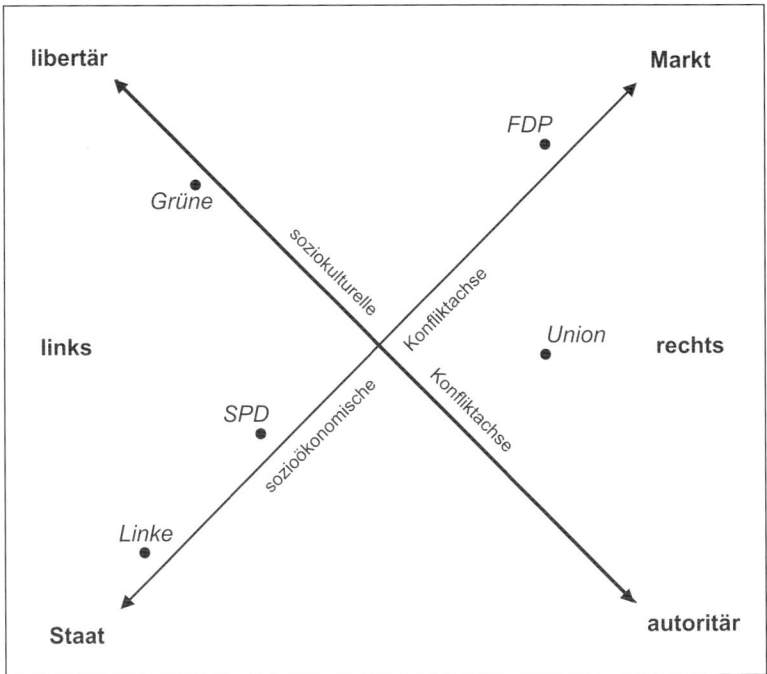

Die Vereinbarkeit des Konfliktlinienmodells mit dem Links-Rechts-Schema lässt sich grafisch umsetzen, wenn man die Werteachse nicht — wie in der

Literatur normalerweise üblich – senkrecht anordnet, sondern in die Diagonale kippt. Die vorhergehende Abbildung zeigt, wo die deutschen Parteien in dem Modell in etwa zu verorten wären.

Das Missverständnis, wonach die Wertepolitik aus dem Links-Rechts-Schema herausfällt, geht auf den amerikanischen Sozialwissenschaftler Ronald Inglehart zurück. Dessen Anfang der 1970er Jahre entwickelte Theorie des „postmaterialistischen" Wertewandels basiert auf zwei Grundannahmen. Die erste Annahme besagt, dass es eine Rangfolge oder Hierarchie von Werten gibt. Erst wenn die fundamentalen, von Inglehart als materiell bezeichneten Bedürfnisse nach Selbsterhaltung, physischer Versorgung und Sicherheit befriedigt seien, wende sich der Mensch höheren Zielen wie Selbstverwirklichung, intellektuelle und ästhetische Befriedigung oder Partizipation zu, die unter dem Begriff der Lebensqualität subsumiert werden (*Mangelhypothese*). Inglehart nimmt keine systematische Unterscheidung zwischen Werten und Bedürfnissen vor, sondern begnügt sich mit der Feststellung, dass die Werte den jeweiligen Stand der Bedürfnisbefriedigung widerspiegeln. Diese Feststellung wird durch das zweite Standbein der Theorie – die *Sozialisationsthese* – spezifiziert. Der Mensch erwirbt danach die ihn prägenden Werte bereits im Kindes- und Jugendalter. Inglehart geht davon aus, dass diese Orientierungen ein Leben lang vorhalten und durch lebenszyklisch bedingte Einflüsse nur begrenzt veränderbar sind. Der Wertewandel entpuppt sich somit als natürliche Folge des Generationenwechsels: Nimmt mit der Verbesserung der materiellen Lebensbedingungen der Wohlstand in einer Gesellschaft zu, so werden die älteren, materialistisch geprägten Jahrgänge von der jüngeren Generation der „Postmaterialisten" allmählich verdrängt, bis diese irgendwann die Mehrheit stellen (*Generationsthese*). Inglehart bezeichnet diesen Prozess als „stille Revolution".

Die Postmaterialismustheorie hat zahlreiche Einwände auf sich gezogen. Ein wesentlicher Kritikpunkt liegt in der eindimensionalen Konzeption des Wertebegriffs. Inglehart unterstellt, dass die materiellen und immateriellen Wertorientierungen in Widerspruch zueinander stehen und siedelt sie daher auf derselben Konfliktachse an. Seine eigenen Erhebungen zeigen freilich, dass die reinen Werttypen in allen westlichen

Ländern eine Minderheit bilden; die Mehrheit wird von denen gestellt, die sowohl materielle als auch immaterielle Ziele verfolgen. Das Phänomen der Mischtypen wäre aus theoretischer Sicht durchaus erklärbar, nämlich dann, wenn man beide Komplexe getrennt behandelt, das heißt den Materialismus der Verteilungsachse und den Postmaterialismus der Wertachse zuweist. Inglehart tut aber genau das nicht, sondern operationalisiert die materiellen und immateriellen Werte so, dass die ersteren ausschließlich mit linken und die letzteren mit rechten Positionen gleichgesetzt werden.[6] Er selbst macht dabei aus seiner Sympathie für den linken Postmaterialismus keinen Hehl. Dass diese Zuweisung wenig sinnvoll ist, sollte sich spätestens mit dem Aufkommen der neuen Rechtsparteien in den 1980er Jahren erweisen. Deren Agenda war genauso von wertebezogenen Themen geprägt wie jene der Neuen Linken in den 1970er Jahren, auf die sie zum Teil eine unmittelbare Reaktion darstellte. Die Neue Rechte gehörte damit ebenfalls zum „postmaterialistischen" Teil des politischen Spektrums, nur dass sie eben ganz andere – autoritäre oder nationale – Positionen vertrat.

Trifft diese Interpretation zu, dann basiert die Entstehung der grünen Parteien ebenso wenig auf einer „neuen" Konfliktlinie wie das Aufkommen des Rechtspopulismus. Beide Erscheinungen stellen vielmehr die Folge eines veränderten politischen Themenhaushalts dar, der die Prioritäten sowohl innerhalb der verteilungs- und wertebezogenen Sphäre als auch zwischen diesen verschoben hat. Damit rücken automatisch die Repräsentationsschwächen der vorhandenen Parteien stärker ins Blickfeld, denen es aus bestimmten Gründen nicht gelungen ist, die neuen Strömungen aufzunehmen und zu integrieren. Eine solche Erklärung des Parteiensystemwandels würde also eher politologisch als soziologisch ansetzen (s. u.).

Bleibt die Frage, ob es andere Konflikte geben kann, die sich der Einordnung in das Schema entziehen. Sie stellt sich insbesondere mit Blick auf die regionalistischen Parteien, deren Entstehung auf ethnische oder sprachliche Spaltungen der Gesellschaft zurückgeht. Wie die Fälle Belgiens, Großbritanniens oder Kanadas zeigen, ist in vielen Ländern, die durch ein Nebeneinander territorial abgrenzbarer „Nationen" oder Bevöl-

---

6   Als Indikatoren für Materialismus wird der Kampf gegen steigende Preise und die Aufrechterhaltung der Ordnung herangezogen, als Indikatoren für Postmaterialismus der Schutz der freien Meinungsäußerung und das Mitspracherecht bei wichtigen Entscheidungen.

kerungsminderheiten charakterisiert sind, seit mehreren Jahrzehnten eine Zunahme der regionalen Mobilisierung zu verzeichnen. Dies widerspricht der modernisierungstheoretisch geprägten Vermutung von Lipset und Rokkan, wonach territoriale Gegensätze in den Industriegesellschaften zugunsten „funktionaler" Konflikte an Bedeutung verlieren würden. Besondere Brisanz gewinnen die territorialen Gegensätze, wenn sie mit Verteilungskonflikten einhergehen; das ökonomische Interesse kann sich in diesen Fällen des vorhandenen kulturellen Gruppenzusammenhangs als Vehikel bedienen. Wie die Beispiele der deutschen Linkspartei oder der italienischen *Lega Nord* beweisen, gilt dies selbst dort, wo ethnisch-sprachliche Unterschiede gar nicht vorhanden sind.

4 Ein Erklärungsmodell für den Wandel des Parteiensystems

Untersuchungen zum Parteiensystemwandel leiden häufig daran, dass sie dessen verschiedene Ebenen – Wählerverhalten, Konfliktlinien und die Struktur des Parteienwettbewerbs – nicht hinreichend voneinander abgrenzen; darüber hinaus lassen sie die Rolle der Parteien als eigenständige strategische Akteure unberücksichtigt. Die simple Vorstellung eines institutionellen und/oder soziologischen Determinismus der Parteiensysteme ist inzwischen einer Sichtweise gewichen, die diese Rolle wieder stärker hervorhebt. Ob die Akteure durch äußere Umstände zum Wandel genötigt werden oder ihn aus eigenem Antrieb vornehmen, kann dabei zunächst dahingestellt bleiben. Wichtig ist die Anpassungsfähigkeit als solche: Sind die Parteien bereit und in der Lage, sich auf neue Gegebenheiten einzustellen, müssen sozialstrukturelle Wandlungsprozesse und Veränderungen im politischen Themenhaushalt auf die Struktur des Parteiensystems nicht zwangsläufig durchschlagen.

Parteienwandel und der Wandel von Parteiensystemen sind also zwei verschiedene Dinge, die unter Umständen gegeneinander wirken: Je schneller und nachhaltiger sich die Parteien verändern, desto „stabiler" bleibt womöglich das Parteiensystem. Und umgekehrt: Versäumen es die Parteien, sich auf veränderte Gegebenheiten einzustellen, können neue Konkurrenten auf den Plan treten, die die Stabilität der Parteiensysteme ins Wanken bringen. Eine andere Frage ist, was der Wandel der Parteiensysteme für die *politische* Stabilität bedeutet. Versteht man darunter das Vermögen eines politischen Systems, auf Veränderungen in der Umgebung im Rahmen seiner institutionellen Logik zu reagieren, muss beides nicht in Widerspruch zueinander stehen; dies gilt insbesondere dann, wenn durch Veränderungen im Parteiensystem die Funktionalität des demokratischen Wettbewerbs gestärkt wird. Selbst das Auftreten von extremen oder Anti-System-Parteien braucht sich auf die Stabilität nicht negativ auszuwirken, da solche Parteien dazu dienen können, etwaigen Protest und Unzufriedenheit innerhalb des Systems zu kanalisieren.

Ab welchem Punkt von einem Wandel des Parteiensystems gesprochen werden muss, bleibt in der Literatur umstritten. Der Begriff ist dehnbar und in der Verwendung maßgeblich von der jeweils zugrunde gelegten Typologie abhängig. Die einen knüpfen den Wandel daran, dass das System sich in sämtlichen Strukturmerkmalen verändert und vollständig in einen anderen Typus wechselt. Für die anderen reicht es bereits aus, wenn einzelne Strukturmerkmale des Systems einen Wandel durchlaufen.

Im Folgenden soll eine mittlere Linie zwischen diesen beiden Polen beschritten werden, die den Wandel am Hinzutreten neuer Parteien festmacht. Als Schwelle wird dabei einerseits eine numerische Mindestgröße unterstellt: Der Herausforderer muss so viele Stimmen gewinnen, dass er parlamentarische Repräsentanz erlangt und die Wettbewerbs- und Koalitionsbeziehungen im Parteiensystem beeinflusst. Andererseits wird angenommen, dass es sich nicht nur um einen einmaligen Erfolg handelt. Die neue Partei schafft es also, sich dauerhaft oder zumindest längerfristig zu etablieren. Um beides zu erreichen, müssen bestimmte Erfolgsbedingungen erfüllt sein, die nach folgenden Gesichtspunkten unterschieden werden können. Handelt es sich um langfristig oder kurzfristig wirksame Faktoren? Betreffen sie die Nachfrage- oder Angebotsseite des politischen Wettbewerbs? Findet die Partei die Bedingungen vor oder kann sie sie durch eigenes Handeln beeinflussen?

Die langfristigen Bestimmungsfaktoren des Parteiensystemwandels sind auf der Nachfrageseite durch die gesellschaftlichen Konfliktstrukturen, auf der Angebotsseite durch die Rahmenbedingungen des politischen Systems festgelegt. Eine Zwischenstellung nehmen Regionenkonflikte ein, da diese auch institutionelle Ursachen haben können. Ansonsten wäre z. B. nicht zu erklären, warum solche Konflikte in der mehrsprachigen Schweiz kaum eine Rolle spielen, während sie in Belgien, Italien oder Kanada zur Entstehung relevanter Regionalparteien geführt haben.

Die institutionellen Rahmenbedingungen entscheiden über die Zugangsbarrieren zum Parteiensystem. Je offener die Wettbewerbsstrukturen ausgestaltet sind, desto größere Eintrittschancen haben die Herausforderer. Maßgebliche Bedeutung erlangen hier neben dem Wahlsystem zum einen die rechtlichen Regelungen, die Gründung, Verbot, Wahlteilnahme und Finanzierung der Parteien betreffen. Zum anderen gibt es eine Reihe weiterer Faktoren, die die Mobilisierungsfähigkeit der Parteien hemmen oder begünstigen können, wie etwa der Föderalismus, das Vorhandensein funktionaler Protestäquivalente oder etwaige historische Vorbelastungen. Während die zuletzt genannten Bedingungen kaum beeinflussbar sind, liegt es bei den rechtlichen Regelungen in der eigenen Hand der Parteien, ob sie das Aufkommen unliebsamer Konkurrenten erschweren oder ganz verhindern wollen. Gehen sie dabei zu weit, könnte eine Situation entstehen, in der die Regeln selbst zum Gegenstand der politischen Auseinandersetzung werden. In diesem Falle würde das Aufkommen neuer Parteien durch eine geschlossene Wettbewerbsstruktur gerade begünstigt. Besonders anfällig für solche Gegenreaktionen sind die „vollendeten" Parteienstaaten, wo Proporz und Elitenherrschaft das normale demokratische Wechselspiel behindern. Die Intensität des Protests dürfte dabei um so stärker ausfallen, je mehr sich die Machtstrukturen von den gesellschaftlichen Grundlagen des politischen Systems entfernen (s. u.).

Ob und in welchem Ausmaß die Herausforderer aus den institutionellen Gegebenheiten Nutzen ziehen, hängt zunächst von den „Gelegenheiten" ab, über die sie im Wettbewerb verfügen. Der Begriff „Gelegenheitsstruktur" (*opportunity structure*) wird in der Parteienforschung meistens so verwandt, dass er sämtliche strukturellen Bestimmungsfaktoren des Parteiensystemwandels einschließt, also auch die gesellschaftlichen Konfliktstrukturen und institutionellen Rahmenbedingungen. Das erscheint nicht besonders zweckmäßig. Um den Begriff unterscheidbar zu halten, ist es besser, ihn auf die situativen Bedingungen des Wettbewerbs zu beschränken. Gelegenheiten bezeichnen danach — wie in der Alltagssprache — Konstellationen oder Umstände, die im Unterschied zu den langfristig stabilen gesellschaftlichen und institutionellen Faktoren einem mehr oder weniger raschen Wandel unterliegen.

Das „Gelegenheitsfenster" für neue Parteien wird vor allem durch folgende Faktoren bestimmt:

- *Regierungskonstellation.* Begünstigend wirkt es sich aus, wenn die Regierungsparteien derselben ideologischen Richtung angehören oder demselben politischen Lager entstammen wie die Herausforderer. Befinden sich die Parteien in der Oppositionsrolle, können sie ihre Botschaften radikalisieren und sich schneller der Stimmung im Volk anpassen. Dies erleichtert es ihnen, die eigene Anhängerschaft zu integrieren, sodass den Herausforderern weniger Gelegenheiten entstehen. Noch bessere Chancen für die Newcomer versprechen zentristische oder Große Koalitionen. Wähler, die der Regierung ihr Misstrauen bekunden wollen, haben in einer solchen Konstellation gar keine andere Wahl, als auf eine der kleineren Oppositionsparteien am rechten oder linken

Rand auszuweichen. Diese profitieren wiederum davon, dass sie die Regierung auch aus „systemischen" Gründen schelten können — als Machtkartell und Verstoß gegen das Wettbewerbsprinzip.

- *Strategiefähigkeit der vorhandenen Parteien.* Die Pluralisierung der sozialen Konfliktstruktur und der Rückgang der natürlichen Parteibindungen zwingt die vorhandenen Parteien zu einem immer weiteren strategischen und programmatischen Spagat, um die verschiedenen Gruppen der Gesellschaft zu einer mehrheitsfähigen Wählerkoalition zusammenzubinden. Je weniger ihnen dies gelingt, desto größer ist die Chance, dass neue Parteien in das Vakuum hineinstoßen und die frei werdenden Wähler für sich einnehmen. Dabei benötigen die Herausforderer thematische Angriffsflächen, das heißt: sie müssen Probleme aufgreifen, die von den etablierten Vertretern ignoriert oder falsch angegangen wurden. Stauen sich solche Probleme auf oder bilden sie mit anderen Problemen zusammen ein „Syndrom", können sie zu einer Verschiebung der Wert- und Interessenlagen bestimmter Bevölkerungsgruppen führen, die den neuen Parteien kontinuierliche Chancen sichert.
- *Öffentliches Umfeld.* Um ihre Themen im politischen Willensbildungsprozess zur Geltung zu bringen, sind die Herausforderer auf Unterstützung aus der allgemeinen Öffentlichkeit angewiesen. Das Ausmaß dieser Unterstützung wird einerseits durch die Möglichkeit bestimmt, Zugang zu den meinungsbildenden Medien zu erlangen und sich innerhalb dieser Gehör zu verschaffen; zum anderen ist es von historischen Traditionen abhängig, die positive oder negative Vorbelastungen begründen und von daher mal beschränkend und mal ermutigend wirken.

Ob die neuen Parteien die sich ihnen bietenden Gelegenheiten nutzen, steht auf einem anderen Blatt. Die Notwendigkeit, zwischen strukturellen und akteursbezogenen Faktoren zu unterscheiden, rührt daher, dass erstere das Aufkommen und den Erfolg solcher Parteien zwar ermöglichen, aber nicht schon garantieren können. Der Wandel von Parteiensystemen ist mit anderen Worten immer auch ein Produkt ganz konkreter Handlungen und Personen; er hängt vom eigenen Vermögen der Herausforderer ab und von der Fähigkeit der vorhandenen Parteien, auf die Herausforderung zu reagieren.

Abb. 5: Erfolgsbedingungen neuer Parteien

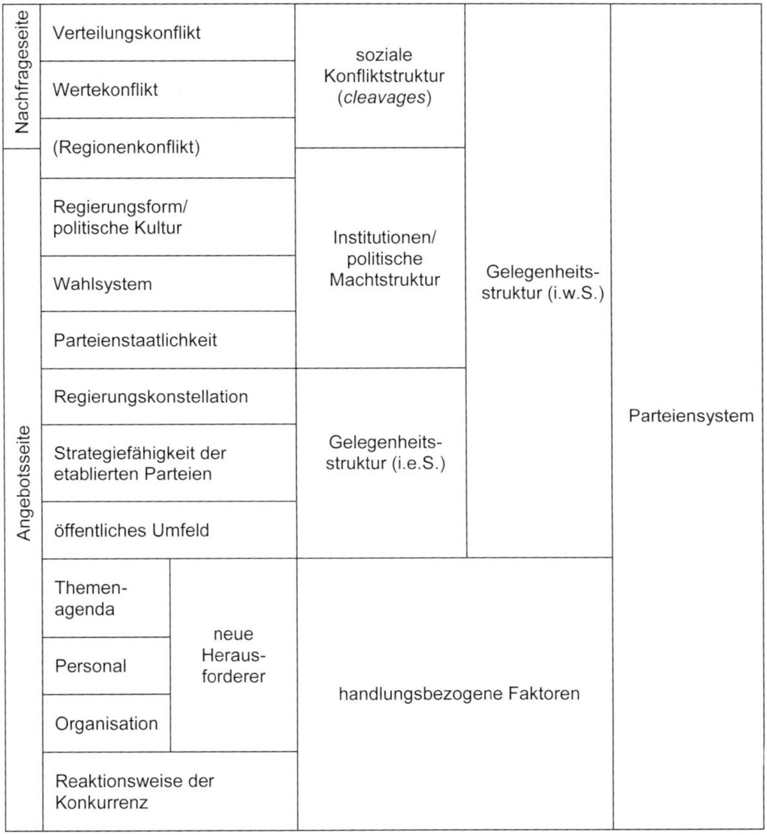

Nachfrageseite Verteilungskonflikt	soziale Konfliktstruktur (*cleavages*)	
Wertekonflikt		
(Regionenkonflikt)		
Regierungsform/ politische Kultur	Institutionen/ politische Machtstruktur	Gelegenheits- struktur (i.w.S.)
Wahlsystem		
Parteienstaatlichkeit		
Angebotsseite Regierungskonstellation	Gelegenheits- struktur (i.e.S.)	Parteiensystem
Strategiefähigkeit der etablierten Parteien		
öffentliches Umfeld		
Themen- agenda	neue Heraus- forderer	handlungsbezogene Faktoren
Personal		
Organisation		
Reaktionsweise der Konkurrenz		

Für die Herausforderer kommt es vor allem auf drei Dinge an. Erstens müssen sie eine programmatische Formel entwickeln, die das von den vorhandenen Parteien vernachlässigte Wählerspektrum umfassend abdeckt. Dabei wäre es falsch, sich auf nur ein Thema zu verlassen, das einem von der Konkurrenz womöglich rasch wieder entwunden wird. Zweitens braucht es Personen, die die Partei nach außen hin darstellen und repräsentieren. Verfügen diese über eine hohe Ausstrahlungskraft, können sie organisatorische Unzulänglichkeiten ausgleichen, die am Beginn einer Parteigründung ganz unvermeidlich sind. Die dritte Aufgabe liegt im Aufbau der Organisation. Deren Funktionieren beweist sich im geschlossenen Auftreten und der Mobilisierungsfähigkeit der Partei, die in der Lage sein muss, ihre Wählerschaft auch unabhängig von personellen Konstellationen und Themenkonjunkturen an sich zu binden.

Für die Reaktionsweise der etablierten Parteien ist zunächst entscheidend, in welcher Konkurrenzbeziehung sie zu den Herausforderern stehen. Je mehr diese in ihren Gewässern fischen, umso stärker ist der Anreiz, sie unmittelbar zu bekämpfen. Die herausgeforderten Parteien bewegen sich dabei in einem Spannungsverhältnis von Anpassung und Abgrenzung. Einerseits müssen sie sich der Themen annehmen, die den neuen Parteien die Wähler zugetrieben haben, andererseits darauf achten, dass jene Parteien nicht gerade dadurch aufgewertet werden. Beide Strategien dürften deshalb nur selten in Reinform auftreten. So wie die Abgrenzungsstrategie nicht ausschließt, dass man sich den Herausforderern in der Substanz annähert, so kann eine Anpassungsstrategie von heftigen verbalen Attacken auf die neuen Parteien begleitet sein.

5 Gemeinsamkeiten und Unterschiede der Entwicklung in Europa

Ein Vergleich der Parteiensystementwicklung in den europäischen Demokratien offenbart neben charakteristischen Unterschieden einige signifikante Gemeinsamkeiten. Die Unterschiede rühren einerseits aus den spezifischen historischen Entstehungsbedingungen der Parteiensysteme, andererseits aus den ungleichen Startpunkten der Demokratisierung. So lassen sich z. B. Abweichungen der Parteiensystemstrukturen in den jungen Demokratien Mittelosteuropas von den älteren Demokratien erklären oder bis heute nachwirkende Unterschiede zwischen den nord- und westeuropäischen Systemen und den demokratischen Nachzüglern an der südeuropäischen Peripherie (Spanien, Portugal, Griechenland).

Für die Gemeinsamkeiten zeichnen wiederum übergreifende gesellschaftliche und politische Entwicklungen verantwortlich, die über die verschiedenen Länder zur selben Zeit und in ähnlicher Weise hereingebrochen sind und sie in ähnlicher Weise betreffen. Ablesen lassen sich diese Entwicklungen an der Entstehung neuer Parteien infolge neuer gesellschaftlicher Konfliktlinien und an wechselnden Phasen der Regierungsdominanz. So trug die mit der Entstehung der Grünen einhergehende Schwächung der Sozialdemokratie in den 1980er Jahren zur Hegemonie der Mitte-Rechts-Parteien bei, während die Wahlerfolge der neuen Rechtsparteien in den 1990er Jahren umgekehrt mithalfen, dass zu dieser Zeit überwiegend Mitte-Links-Parteien die Regierungen stellten. Aus dem von Ralf Dahrendorf in den 1970er Jahren ausgerufenen „Ende des sozialdemokratischen Zeitalters" war unverhofft oder unerwartet „das sozialdemokratische Jahrzehnt" geworden (so der damalige österreichische Bundeskanzler Viktor Klima).

Im darauffolgenden Jahrzehnt sollte sich der Trend erneut umkehren. Ursächlich für das *Rollback* der Sozialdemokratie war zum einen die veränderte Bündnisstrategie des Mitte-Rechts-Lagers, das sich koalitionspolitisch in Richtung der Rechtspopulisten öffnete. Zum anderen bewegte sich die sozialdemokratische Regierungspolitik durchaus im Einklang mit dem neoliberalen Mainstream der Sozial- und Wirtschaftspolitik, den sie zum Teil noch beförderte. Dass die Stimmenverluste der sozialdemokratischen Parteien in dieser Dekade deutlich höher ausfielen als in den 1980er Jahren, lag vor allem am Ansehens- und Glaubwürdigkeitsverfall unter ihren Traditionswählern. Von diesen liefen einige direkt zu den Rechtspopulisten über, während andere der Wahl fernblieben oder in den linkssozialistischen Parteien eine neue Heimat fanden. Die Sozialdemokraten bemühten sich zwar, die von ihnen eingeleiteten oder übernommenen Umbaumaßnahmen des Wohlfahrtsstaates programmatisch anschlussfähig zu machen. Dies taten sie aber entweder erst nachträglich, oder sie versäumten es, die Einschnitte durch Umverteilungen an anderer Stelle und eine Politik für mehr Chancengerechtigkeit zu ergänzen. Auch von den Wählern der aufstiegsorientierten Mittelschichten, die man zuvor erfolgreich umworben hatte, wandten sich die meisten jetzt enttäuscht wieder ab.

Abb. 6: Wahlergebnisse der sozialdemokratischen und christdemokratisch-konservativen Parteien in Westeuropa seit 1976 (EU 15)

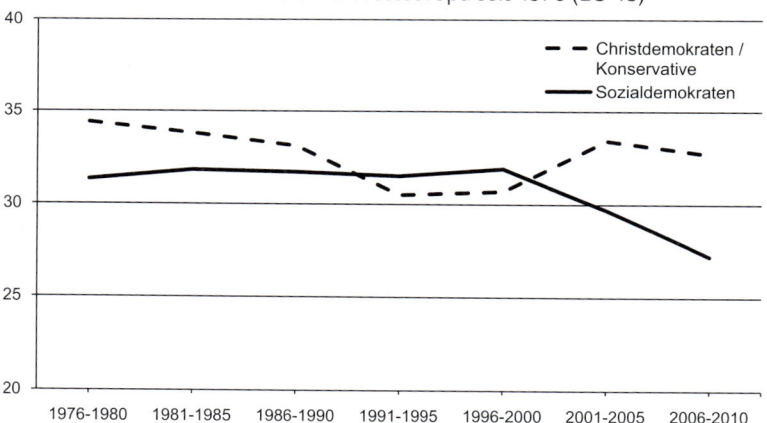

(Quelle: eigene Berechnungen, Durchschnittswerte bei nationalen Parlamentswahlen)

Der Wandel der Parteiensysteme in den westeuropäischen Demokratien lässt sich auf die Kurzformel bringen: „Mehr Pluralität – weniger Polarisierung" (Stöss/Haas/Niedermayer 2006: 32). Die Zunahme der Fragmentierung ist am rückläufigen Stimmenanteil der beiden großen – sozialdemokratischen und christdemokratisch-konservativen – Parteienfamilien ablesbar. Deren Verlusten stehen Zuwächse anderer, kleinerer Parteien gegenüber, von denen einige in den Parteiensystemen bereits vorhanden waren, aber bis dahin eine Randrolle gespielt hatten, während andere Parteien ganz neu entstanden und sich in der Folgezeit fest etablieren konnten. Zu der erstgenannten Gruppe gehören unter anderem die liberalen Parteien und einige regionalistische Vertreter, zu der letztgenannten Gruppe die grünen und die rechtspopulistischen Parteien. Eine nochmals eigene Gruppe bilden jene alteingesessenen Parteien, die – wie die österreichische FPÖ oder die Schweizerische Volkspartei – einen nachhaltigen Gestaltwandel durchliefen und somit de facto Neuerscheinungen darstellten.

Hinter den Durchschnittswerten verbergen sich enorme Unterschiede zwischen den einzelnen politischen Systemen. Zu den Ländern mit der geringsten Fragmentierung gehören – aufgrund des Wahlrechts – erwartungsgemäß Großbritannien, aber auch die jungen Demokratien Griechenlands, Spaniens und Portugals, die erst 1981 bzw. 1986 zur Europäischen Gemeinschaft dazustießen. In diesen vier Ländern lag die Zahl der effektiven Parteien auf der elektoralen Ebene im betrachteten Zeitraum stets unter vier, allerdings mit unterschiedlicher Entwicklungstendenz: Während in Großbritannien die Fragmentierung seit 1991 kontinuierlich zugenommen hat, ist sie in Griechenland und Portugal konstant geblieben, in Spanien sogar gesunken.

Unter den Ländern mit traditionell eher geringer Fragmentierung verzeichneten Österreich und die Bundesrepublik zuletzt einen deutlichen Anstieg, während die Werte für Irland nahezu gleich blieben und für Luxemburg leicht abnahmen. Bemerkenswert ist, dass unter den Ländern mit hoher Fragmentierung – die Zahl der effektiven Parteien liegt hier über fünf – nur ein einziges Land (Frankreich) eine rückläufige Tendenz aufweist; in den übrigen Fällen blieb der Wert auf hohem Niveau (Belgien, Finnland, Schweden) oder nahm er noch weiter zu (Dänemark, Niederlande). Unter dem Strich ergibt sich damit für die westeuropäischen Länder ein (nur) leichter Anstieg der Fragmentierung, der mit einer Abschwächung vorhandener Asymmetrien in den Parteiensystemen einhergeht (so z. B. in Schweden oder Italien).

Dass die zunehmende Fragmentierung der Parteiensysteme nicht von einer gleichlautenden Polarisierung begleitet wurde, lag vor allem im Niedergang des Kommunismus begründet. Der Umbruch in Osteuropa und die Auflösung der Sowjetunion führten dazu, dass die kommunistischen Parteien auch im Westen an Unterstützung stark verloren oder sich zu quasi-sozialdemokratischen Parteien transformierten. Auch am rechten Rand des Parteiensystems wurden die seit Mitte der 1980er Jahre erzielten Wahlerfolge weniger von den extremistischen als von den neu entstandenen populistischen Vertretern gespeist, die eine gemäßigtere Linie verfolgten. Weil die Parteien der etablierten Rechten deren Positionen in der Folge zum Teil übernahmen, haben sich die Parteiensysteme in Westeuropa auf der kulturellen Konfliktachse zuletzt nach rechts bewegt, nachdem sie in den 1980er und 1990er Jahren einen Wandel in der umgekehrten Richtung durchlaufen hatten.

Der neue Rechtspopulismus

Die einschneidendste Veränderung der westeuropäischen Parteiensysteme in den letzten beiden Jahrzehnten ist von den neuen Rechtspopulisten ausgegangen (Decker 2004). Als Front National, Lega Nord, Vlaams Blok und Freiheitliche Partei Österreichs Mitte der 1980er Jahre auf den Plan traten und die ersten spektakulären Wahlerfolge erzielten, war man geneigt, sie als flüchtige Protesterscheinungen abzutun, wie es sie in den westlichen Demokratien schon immer gegeben hatte. Die nachfolgende Entwicklung sollte dies widerlegen. Nicht nur, dass die Pioniere des neuen Populismus ihre Stellung halten und sogar noch weiter ausbauen konnten. Das Phänomen begann sich nun auch auf andere Länder zu erstrecken und die gesamte Sphäre der elektoralen Politik zu umfassen.

Sieht man von Deutschland, Großbritannien und einigen südeuropäischen Ländern (wie Spanien oder Griechenland) ab, sind die rechtspopulistischen Herausforderer heute fast überall präsent. In Dänemark und Norwegen feierten die Neugründungen schon in den 1970er Jahren Erfolge, an die sie – nach einer Durststrecke – ab Ende der 1980er Jahre mit einer veränderten programmatischen Agenda anknüpfen konnten. In anderen Fällen entpuppten sich die populistischen Vertreter als erfolgreiche Nachahmer und Nachzügler, so z. B. in der Schweiz, wo die Volkspartei unter Christoph Blocher ihre Wandlung zum Populismus erst in den 1990er Jahren vollzog und in der Folge zur stärksten Partei des Landes avancierte. In Italien war Silvio Berlusconi dieses Kunststück schon vorher gelungen. Die von ihm 1994 gegründete Sammlungsbewegung Forza Italia traf freilich auf besonders günstige Bedingungen, konnte sie doch in ein elektorales Vakuum hineinstoßen, das nach dem Totalzusammenbruch des italienischen Parteiensystems Anfang der 1990er Jahre entstanden war. Besonders spektakulär geriet des weiteren der Aufstieg des Niederländers Pim Fortuyn, der bei den Parlamentswahlen im Jahre 2002 mit seiner Liste aus dem Stand 17 % der Stimmen erzielte. Fortuyns Ermordung bremste den Siegeszug des Rechtspopulismus nur kurzzeitig. Dessen Banner wurde anschließend von der Freiheitspartei unter Geert Wilders weiter getragen, die Fortuyns Erfolg bei der Parlamentswahl 2010 wiederholte und seither sogar an der Regierung des Landes mittelbar beteiligt ist. Einen vergleichbaren Wahlerfolg erzielten – als vorerst letzter Neuankömmling – im April 2011 die „Wahren Finnen" unter Timo Soini, die mit einer Kampagne gegen den Euro und die von der EU beschlossenen Transferzahlungen ihr Ergebnis von 2007 auf 19 % annähernd verfünffachen konnten.

Das in etwa zeitgleiche Aufkommen der rechtspopulistischen Herausforderer in den 1980er Jahren lenkt den Blick auf die gemeinsamen, länderübergreifenden Ursachen. Die Parteienforschung hat die neuen Rechtsparteien als eine Folgeerscheinung gesellschaftlicher Modernisierungskrisen interpretiert (Spier 2010). Dies ist keine sonderlich originelle Erkenntnis. Populistische Bewegungen, die gegen die Konsequenzen von Modernisierungsprozessen zu Felde ziehen, hat es bereits zu früheren Zeiten gegeben – man denke nur an die ausgangs des 19. Jahrhunderts in den USA entstandene *Populist Party* (der das Phänomen seinen Namen verdankt) oder die Poujadisten in der Vierten Französischen Republik. Die heutigen Modernisierungsfolgen unterscheiden sich von ihren historischen Vorläufern freilich in einem entscheidenden Punkt: Handelte es sich früher um räumlich und zeitlich versetzte Erscheinungen, so rücken im Zeichen der Globalisierung die Gesellschaften in ihrer Problembetroffenheit immer mehr zusammen. Die Globalisierung ist deshalb zu einer Chiffre der Systemkritik ganz unterschiedlicher (nicht nur rechter) ideologischer Positionen geworden, die die Gleichzeitigkeit des Parteiensystemwandels in den einzelnen Ländern erklärt. Ihre Auswirkungen lassen sich in drei Aspekten beschreiben:

- *Ökonomisch* münden sie in einen allmählichen Abbau wohlfahrtsstaatlicher Sicherungen, der die Polarisierung zwischen Arm und Reich verschärft und wachsende Teile der Mittelschicht mit Abstieg bedroht. Die Betroffenen müssen dabei nicht zwingend objektive Verluste erleiden (des Einkommens oder des Arbeitsplatzes). Entscheidend ist das Gefühl der eigenen Benachteiligung, das sich aus der Orientierung an bestimmten Erwartungen oder Referenzgruppen ergibt. Ein solches Gefühl kann sich auch bei Gewinnern einstellen, wenn sie glauben, im Verteilungskampf von anderen ausgenommen zu werden.

- In *kultureller* Hinsicht bedeutet Globalisierung, dass Differenzen des Lebensstils und der moralischen Orientierung sichtbarer werden. Da sich die Migration heute – anders als früher – in zunehmenden Maße auch auf Angehörige anderer Kulturkreise erstreckt, verwandeln sich die einstmals homogenen Nationen über kurz oder lang in multiethnische und multikulturelle Gesellschaften. Die Konfrontation mit den Fremden wird von Teilen der eingesessenen Bevölkerung als Verlust der hergebrachten Identität empfunden. Dieser Verlust wiegt um so schwerer, als im Zuge von Individualisierungsprozessen auch andere Gruppenbindungen in Auflösung geraten.

- Soziale Unsicherheit und Entfremdung führen schließlich dazu, dass Teile der Gesellschaft sich *politisch* nicht mehr ausreichend repräsentiert fühlen. Da der Staat seiner souveränen Handlungsfähigkeit durch die Globalisierung zunehmend beraubt wird, kann er dies nicht mehr ohne weiteres durch Leistungssteigerung wettmachen. Verloren gegangene Handlungsspielräume lassen sich zwar auf der supra- und transnationalen Ebene partiell zurückgewinnen; gerade dadurch werden sie aber der demokratischen Kontrolle und Beeinflussbarkeit entzogen, die bislang ausschließlich im nationalstaatlichen Rahmen ihren Platz hatten.

Richtet man die Aufmerksamkeit auf die Parteien im Einzelnen, so geraten neben diesen allgemeinen Ursachen eine Reihe von anderen Entstehungsgründen in den Blick, die stärker system- und kontextspezifisch interpretiert werden müssen. Während die ökonomischen (verteilungsbezogenen) und kulturellen (wertebezogenen) Konflikte durch die gesellschaftsübergreifenden Modernisierungsprozesse in dieselbe Richtung gelenkt werden, wurzeln die systemischen Konflikte primär in den historischen, institutionellen und kulturellen Eigenarten der nationalen Politik. Die Virulenz der politischen Faktoren zeigt sich besonders geballt bei den regionalistischen Populismen – wenn eine Partei oder Bewegung für größere Autonomie oder die Loslösung ihrer Region vom Gesamtstaat streitet – sowie in Konkordanzdemokratien, in denen die großen Parteien ein Herrschaftskartell bilden und die Eliten zur Abgehobenheit neigen. Wie der Fall der Lega Nord zeigt, können beide Aspekte auch zusammentreffen und damit ein besonders explosives Gemisch bilden. Überhaupt werden populistische Parteien umso erfolgreicher sein, je mehr es ihnen gelingt, aus den ökonomischen, kulturellen und politischen Krisenerscheinungen gleichzeitig Kapital zu schlagen und sie zu einer programmatischen Gewinnerformel zu verbinden.[7] Beispiele sind die FPÖ (bis 1999), die Schweizerische Volkspartei und die niederländische „Partei für die Freiheit". Dass diese Parteien ideologisch zu den eher gemäßigten Populismen gehören, dürfte zu ihrem Erfolg gewiss mit beigetragen haben. Allerdings zeigt das Beispiel Front National, dass auch extremistisch ausgerichtete Vertreter hohe Wahlergebnisse erzielen können, wenn sie über ein entsprechendes programmatisches Fundament verfügen.

Parteiensysteme in Mittelosteuropa

Aufschlussreich ist ein Vergleich der Parteiensystementwicklung in den alten und jungen Demokratien. Die Angleichungstendenzen treten hier gegenüber den Abweichungen zunehmend hervor. Die Angleichung vollzieht sich dabei in beiden Richtungen. Auf der einen Seite nehmen die Parteiensysteme der jungen Demokratien Phänomene vorweg, die sich auch in den alten Demokratien beobachten lassen: hohe Volatilitätswerte, Abwahl der amtierenden Regierungen, starke Resonanz populistischer Kräfte. Auf der anderen Seite haben sie sich den westeuropäischen Ländern in positiver Hinsicht angenähert, indem die Konzentration der Parteiensysteme und deren Stabilität insgesamt zugenommen hat. Am Zahlenwert der effektiven Parteien gemessen, wiesen die mittelosteuropäischen Parteiensysteme im Zeitraum 2006 bis 2010 denselben Fragmentierungsgrad auf wie die westeuropäischen. Auch die Bandbreite der effektiven Parteienzahl ist in beiden Teilen des Kontinents ähnlich groß; sie reicht in Mittelosteuropa von unter drei (Ungarn) bis über sechs bzw. sieben (Tschechien und Lettland).

Die rückläufige Fragmentierung weist darauf hin, dass sich Parteibindungen allmählich auch in den mittelosteuropäischen Staaten aufbauen und das Wahlverhalten entlang sozialer Merkmale strukturieren. Alter,

---

7   Hier liegt auch der Grund, warum die europäische Einigung in den letzten Jahren zu einem immer wichtigeren Mobilisierungsthema der neuen Rechtsparteien geworden ist. Folgt man der Argumentation der Rechtspopulisten, dann steht die EU stellvertretend für sämtliche Negativfolgen, die den Modernisierungsprozess tatsächlich oder angeblich begleiten: materielle Wohlstandsverluste, multikulturelle Überfremdung und Krise der politischen Repräsentation. Die sonst so abstrakte Globalisierung findet mit ihr einen konkreten Schuldigen.

Bildung, Religion, ethnische Herkunft und berufliche Stellung wirken auf die ideologischen Präferenzen ein, und die Wähler entscheiden sich für diejenigen Parteien, die programmatisch ihren Interessen am meisten entgegenkommen. Das Verhalten von Parteien und Wählern wird in den postkommunistischen Staaten demnach ebenso von *cleavages* geprägt wie in den alten Demokratien Westeuropas.

Es bleiben allerdings einige markante Unterschiede. Erstens sind die sozialen Gruppenzugehörigkeiten in Mittelosteuropa infolge des gesellschaftlichen Transformationsprozesses unbeständiger und das Wahlverhalten entsprechend wechselhafter. Zweitens weichen die Strukturen der Konfliktlinien deutlich voneinander ab. Der sozialökonomische Konflikt ist durch eine noch größere Kluft zwischen Gewinnern und Verlieren der Modernisierung gekennzeichnet, als sie sich in den westeuropäischen Ländern auftut. Auf der kulturellen Achse drängen Nationalitätenprobleme sowie Fragen der Außenpolitik und europäischen Integration in den Vordergrund, während die in Westeuropa dominierenden Themen Einwanderung und Umwelt nur eine Randrolle spielen. Zentrale Bedeutung kommt schließlich dem vergangenheitspolitischen *Cleavage* zu, also dem

Abb. 7: Fragmentierung der Parteiensysteme in West- und Mittelosteuropa (EU 15 + MOE 10 mit Ausnahme Maltas und Zyperns)

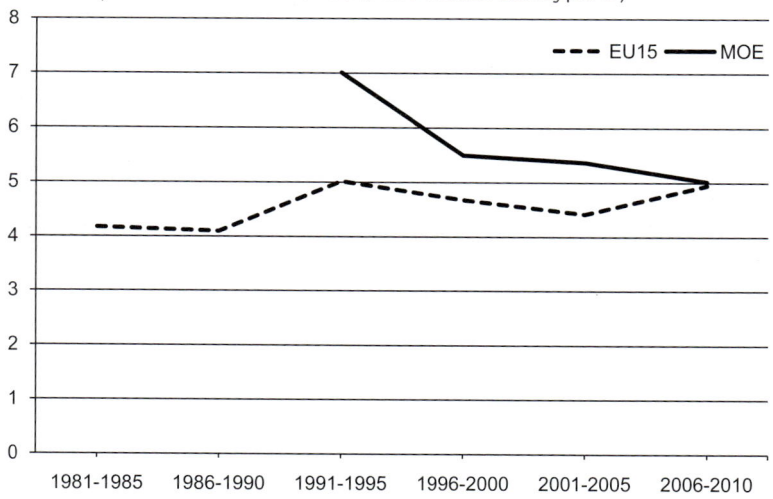

(Quelle: eigene Berechnungen. Zugrunde gelegt wurden die Durchschnittswerte der effektiven Parteien auf der elektoralen Ebene. Für die Überlassung der Originaldaten bedanke ich mich bei Oskar Niedermayer)

Umgang mit dem untergegangenen kommunistischen Regime (Enyedi 2008). Die Konfliktstrukturen erklären, warum die mittelosteuropäischen Parteiensysteme wesentlich stärker polarisiert sind als die westeuropäischen. Statt zu versuchen, die durch die *cleavages* aufgerissenen Gräben zu überwinden, begegnen sich die politischen Eliten hier zum Teil in unverhohlener Feindschaft. Die positive Kehrseite der Polarisierung besteht darin, dass sie die Parteiensysteme auch nach den Rändern hin integriert; dies wirkt der Fragmentierung entgegen. Symptomatisch dafür ist, dass der Populismus in einigen mittelosteuropäischen Ländern nicht nur ein Außenseiterphänomen darstellt, sondern – innerhalb des Mitte-Rechts-Lagers – die ideologische Hauptströmung repräsentiert (Polen, Slowakei, Ungarn).

Auch in organisatorischer Hinsicht sind die Entwicklungen zum Teil gegenläufig. Elitengesteuerte Parteien, die ohne breite Mitgliederorganisation auskommen, über die Massenmedien unmittelbar mit den Wählern kommunizieren und in ihren Ressourcen überwiegend vom Staat abhängig sind, bildeten in den jungen Demokratien von Beginn an den Normalfall. Die mittelosteuropäischen Parteiensysteme erwiesen sich damit als Trendsetter für die westeuropäischen Länder, wo die schwächer werdende gesellschaftliche Verankerung der Parteien einen vergleichbaren Organisationswandel bedingt (Helms 2008). Gleichzeitig bleibt jedoch der Professionalitätsgrad der Parteieliten in den mittelosteuropäischen Staaten gering. Das hat zum einen mit dem diskontinuierlichen Wahlverhalten der Bevölkerungen zu tun, das eine solche Professionalisierung bewusst nicht zulässt, zum anderen liegt es an fehlenden historischen Erfahrungen. Die einstweilen noch größere Krisenanfälligkeit der mittelosteuropäischen Parteiensysteme, die an der raschen Folge von Abspaltungen und Neugründungen abgelesen werden kann, stellt also primär ein Problem der Akteursseite dar.

6   Das Parteiensystem der Bundesrepublik

Es ist nicht ohne Ironie, dass die bisher umfangreichste Bestandsaufnahme des bundesdeutschen Parteiensystems – das mehrbändige Parteien-Handbuch von Richard Stöss – zu einer Zeit erschien, als das Parteiensystem seinen höchsten Konzentrationsgrad erreicht hatte. Von den 47 Parteien, die in dem Handbuch zumeist sehr ausführlich abgehandelt wurden, spielten in den 1970er Jahren nur noch die vier Bundestagsparteien (CDU, CSU, SPD und FDP) eine nennenswerte Rolle. Der zusammengenommene Stimmenanteil der sonstigen, nicht-etablierten Kleinparteien blieb marginal. Selbst auf der Länderebene konnte sich keine dieser Parteien durchsetzen oder behaupten, wenn man von der schleswig-holsteinischen Besonderheit des Südschleswigschen Wählerverbandes (SSW), den Achtungs-, erfolgen einiger linksextremistischer Vertreter in den drei Stadtstaaten eingangs der 1970er Jahre und dem singulären Erfolg des rechtskonservativen „Bundes Freies Deutschland" bei der Berliner Abgeordnetenhauswahl 1975 einmal absieht. Dessen Ergebnis (3,4 Prozent) blieb das beste Wahlresultat einer „vierten Partei" in den 1970er Jahren und sollte ab 1979 erst von den Grünen übertroffen werden.

Diese „Hyperstabilität" der Parteienlandschaft war der Bonner Republik keineswegs in die Wiege gelegt. Es ist etwas in Vergessenheit geraten, dass das Parteiensystem, das sich mit der ersten Bundestagswahl 1949 herauskristallisierte, noch weitgehend in der Tradition von Weimar stand. Auf der linken Seite war es bei der Spaltung zwischen Sozialdemokraten und Kommunisten geblieben, und auf der rechten Seite bildeten sich eine Reihe von rechtsextremen, regionalistischen und Interessenparteien, so dass insgesamt ein komplexes Vielparteiensystem entstand (Jesse 2001: 63 ff.). Die entscheidenden Bedingungen des Neuanfangs waren damals jedoch bereits gelegt. Sie bestanden erstens in der Machtverschiebung innerhalb der Linken durch den raschen Niedergang der KPD (die im verfassungsgerichtlichen Verbot der Partei 1956 kulminierte), zweitens in der Überwindung der historischen Spaltung des Liberalismus durch Gründung der FDP und drittens in der Neuerfindung der CDU/CSU als einer überkonfessionell angelegten bürgerlichen Sammlungspartei. Die Überführung des konfessionellen in ein allgemein religiöses *Cleavage* wurde durch die Bevölkerungsstruktur gewiss erleichtert, die sich in der westdeutschen Bundesrepublik zu etwa gleichen Teilen aus Katholiken und Protestanten zusammensetzte. Dennoch war der Prozess alles andere als ein Selbstgänger. Das Zusammenwachsen der kulturell fremden Milieus basierte auf einem ausgeklügelten Proporzsystem, dessen Handhabung der Union großes organisatorisches Geschick abverlangte (Bösch 2001: 139 ff.). Zusammen mit ihren Erfolgen als Regierungspartei und der 1953 vorgenommenen Wahlrechtsänderung (Einführung der bundesweiten 5 %-Sperrklausel) gelang es den Christdemokraten auf dieser Basis, alle verbliebenen Konkurrenten im Mitte-Rechts-Lager aufzusaugen. Davon ausgenommen blieb lediglich die FDP, die sich als kirchenferner bzw. antiklerikaler Gegenpol zur CDU/CSU auf der kulturellen Konfliktlinie ihre Existenzberechtigung bewahrte.

Die Ära des stabilen Zweieinhalbparteiensystems währte knapp zwei Jahrzehnte, ehe ausgangs der 1970er Jahre ein neues „postmaterialistisches" Paradigma die Etablierung der Grünen als vierter Partei nach sich zog. Charakteristisch für den Wertewandel war zum einen, dass er sich weniger an sozialstrukturellen als an Einstellungs- und Lebensstilmerkmalen festmachte. Zum anderen modifizierte das Umweltthema, aus dem sich der Gegensatz Materialismus – Postmaterialismus speiste, die bestehenden kulturellen und ökonomischen Konfliktlinien. Als Katalysator für die Umweltbewegung erwies sich die Wirtschaftspolitik des damaligen Bundeskanzlers Helmut Schmidt, die ganz dem traditionellen Wachstumsdenken verpflichtet blieb. Ob eine ökologisch aufgeschlossenere SPD das Aufkommen der Grünen hätte verhindern können, ist jedoch fraglich. Dagegen spricht nicht nur der habituelle und ideologisch-programmatische Graben, der beide Seiten damals trennte, sondern auch der Umstand, dass grüne Parteien zeitgleich in vielen anderen westeuropäischen Ländern entstanden (Mende 2011).

Dennoch stellte die Etablierung der neuen Partei alles andere als eine Selbstverständlichkeit dar. „Der lange Weg der Grünen" (Klein/Falter 2003) war von vielen Rückschlägen und Häutungsprozessen begleitet. Zunächst eine radikale Protestpartei, standen die Neuankömmlinge rasch vor der Frage, ob sie zur Übernahme von Regierungsverantwortung bereit sein würden. Nachdem sie 1983 in den Bundestag eingezogen waren, kam es 1985 zur ersten Koalition mit den Sozialdemokraten auf Landesebene (in Hessen), der zahlreiche weitere rot-grüne Bündnisse folgten. Der Wahlsieg von SPD und Grünen bei der Bundestagswahl 1998 ging auch darauf zurück, dass es letzteren gelungen war, die Freien Demokraten ab Mitte der 1990er Jahre vom angestammten dritten Platz im Parteiensystem zu verdrängen. Diese Position konnten die Grünen während ihrer 7-jährigen Regierungszeit behaupten. Die innerparteiliche Entwicklung spiegeln die äußeren Erfolge nur zum Teil. Existenzbedrohende Gefahren für die Grünen gingen weniger davon aus, dass andere Parteien deren ökologisches Gedankengut übernahmen, als davon, dass die Grünen sich ihrerseits den anderen Parteien annäherten. Dies führte zu harten Auseinandersetzungen zwischen „Realpolitikern" und „Fundamentalisten", die sie mitunter bis an den Rand des Abgrunds brachten. Gemessen an diesen Zerreißproben kommt einem die programmatische und organisatorische Geschlossenheit der Partei heute wie ein kleines Wunder vor.

Die unverhofft möglich gewordene deutsche Vereinigung bescherte der Bundesrepublik 1989/90 eine nochmalige Erweiterung ihres Parteiensystems in Gestalt der postkommunistischen PDS. Auch hier wurde später die These vertreten, dass deren Fortleben hätte verhindert werden können, wenn die Sozialdemokratie bereit gewesen wäre, sich in der Wendezeit für die Mitglieder der SED zu öffnen. Tatsächlich hat es eine solche Option jedoch nie gegeben.[8] Nachgetrauert wurde ihr deshalb, weil die PDS entgegen den ursprünglichen Erwartungen aus dem Parteiensystem nicht verschwand, sondern — im Gegenteil — ab der zweiten Runde der Wahlen in den neuen Ländern von Erfolg zu Erfolg eilte. Indem sie sich als Interessenvertreterin der Ostdeutschen stilisierte, profitierte die Partei massiv von den materiellen und mentalen Enttäuschungen, die der

---

8   Dass die PDS neben und zum Teil sogar anstelle der SPD zur linken Volkspartei in den neuen Ländern aufstieg, hinterließ bei der letzteren verständlicherweise Bitterkeit. Wenn die SED-Nachfolger nach 1989 als nichtorthodoxe, aber doch quasi-kommunistische Partei weiter bestehen und – zumindest auf der gesamtstaatlichen Ebene – in die Rolle einer fundamentaloppositionellen Kraft hineinwachsen konnte, so verdankten sie das ja maßgeblich der Existenz der Sozialdemokratie im Westen. Hier liegt ein bedeutsamer Unterschied zwischen der früheren DDR und den anderen postkommunistischen Transformationsstaaten. Während die einstmals allmächtigen Systemparteien dort fast überall in sozialistische oder sozialdemokratische Reformparteien überführt wurden, die in der Regierungsverantwortung harte marktwirtschaftliche Reformen durchführen mussten, blieb der SED-Nachfolgepartei ein vergleichbarer Lernprozess erspart. Bei den Wahlen zahlte sich freilich genau das für sie aus.

Vereinigungsprozess hinterließ. Mit der PDS hielt also ein regionalistisches *Cleavage* in das Parteiensystem Einzug, das durch ökonomische und kulturelle Konflikte gleichermaßen unterfüttert wurde. Ablesen ließ sich das zum einen an der sozialstrukturellen Zusammensetzung der PDS-Wähler in Ostdeutschland, unter denen Arbeitslose und Leistungsempfänger keineswegs überrepräsentiert waren. Zum anderen führte das *Cleavage* zu einem Auseinanderdriften der Parteienlandschaft: Während die Postkommunisten im Osten zu CDU und SPD aufschließen konnten, blieben sie im Westen mit Stimmenanteilen um 1 % marginalisiert.

Mit der Entstehung der gesamtdeutschen Linkspartei ist die Entwicklung des deutschen Parteiensystems in ihre vorerst letzte Phase getreten. Der Übergang von der Viereinhalb- zur Fünfparteienstruktur wurde möglich, nachdem sich in den alten Ländern 2005 eine Abspaltung von der SPD gebildet hatte und diese mit der ostdeutschen PDS zur Partei „Die Linke" fusionierte (Spier u. a. 2007). Die Gründung der WASG (Arbeit & soziale Gerechtigkeit – Die Wahlalternative) erfolgte aus Protest gegen die von der rot-grünen Bundesregierung unter Kanzler Gerhard Schröder betriebenen Arbeitsmarkt- und Sozialreformen. Ihr lagen also keine neuen Konfliktlinien zugrunde, sondern die Kritik, dass sich die Herkunftspartei von ihrer traditionellen Position auf der sozialökonomischen Achse zu weit entfernt habe. Symbolhaft markiert wurde dies durch die Person des früheren SPD-Vorsitzenden Oskar Lafontaine, dessen Übertritt zur WASG eine wesentliche Voraussetzung für den Erfolg der Partei in den alten Bundesländern darstellte.

Auch nach dem Abgang Lafontaines muss die Linke um ihre Position als fünfte Partei nicht fürchten. Das organisatorische Fundament der im Osten bestens vernetzten PDS und die neue Aktualität der Verteilungsfragen geben ihr gute Chancen, auf dem derzeitigen (oder einem noch höheren) Niveau zu verharren. Die gleichzeitige Bedienung des regionalistischen und sozialökonomischen *Cleavages* verspricht eine stabile Wählerkoalition, obwohl die Partei durch die Westausdehnung ihre reine Ost-Identität verliert. Symptomatisch dafür ist, dass sich die Wählerzusammensetzung auch in den neuen Ländern in Richtung der sozial benachteiligten Gruppen verschiebt. Dies dürfte dem Gesamterfolg aber ebenso wenig im Wege stehen wie die beträchtlichen Schwierigkeiten im Fusionsprozess, die in der Öffentlichkeit bisweilen das Bild einer Chaotentruppe entstehen lassen. Hier profitiert die Linke davon, dass sie von den Wählern weniger als gestaltende Kraft denn als Protestpartei geschätzt wird. (Im Osten trifft vermutlich das eine wie das andere zu.)

In der Stärke der Linken mag auch ein Grund dafür liegen, warum es in der Bundesrepublik nicht zur flächendeckenden Etablierung einer rechtspopulistischen oder -extremistischen Partei gekommen ist. Fragmentierungstendenzen des rechten Lagers mündeten zwar in den 1980er Jahren in eine – bis heute anhaltende – „dritte Welle" des Rechtsextremismus.[9] Auf ihr zogen die 1983 als Abspaltung von der CSU entstandenen Republikaner (REP) drei Mal, die 1987 gegründete Deutsche Volksunion (DVU) des Münchener Verlegers Gerhard Frey acht Mal und die NPD drei Mal in Landesparlamente ein. Letztere war bereits 1964 gegründet worden, konnte aber nach Wahlerfolgen in den 1960er Jahren erst wieder im Jahre 2004 an ihre damalige Stärke anknüpfen, nachdem sie das Bundesland Sachsen gezielt zur Hochburg ausgebaut hatte. Inzwischen hat die NPD die Führungsrolle im rechtsextremen Lager übernommen, während die einst so verheißungsvoll gestarteten Republikaner nur noch ein Schattendasein fristen. Von einem Durchbruch auf der nationalen Ebene bleibt die extremste der drei Rechtsaußenparteien aber weit entfernt – bei der Bundestagswahl 2009 fiel sie gegenüber ihrem schwachen Ergebnis von 2005 noch einmal um 0,1 auf 1,5 Prozentpunkte zurück.

Ein Grund für diese Schwäche liegt gerade im Extremismus der NPD, der auf viele Wähler abschreckend wirkt und die Entwicklung einer populistischen Strategie der Wähleransprache vereitelt. Allerdings sind in der Bundesrepublik auch ideologisch gemäßigtere Gruppierungen, die eine solche Strategie verfolgt haben, bisher nicht zum Erfolg gekommen. Weder ist der Versuch gelungen, eine bereits bestehende Partei auf rechtspopulistische Pfade zu führen, den man dem verstorbenen FDP-Politiker Jürgen Möllemann unterstellt hat. Noch waren Neugründungen wie die Hamburger Statt-Partei, der Bund Freier Bürger oder die Schill-Partei in der Lage, ihre Anfangserfolge zu wiederholen und über die regionale Ebene auszudehnen. Besonders krass zeigte sich dieses Unvermögen bei der Schill-Partei, die bei der Hamburger Bürgerschaftswahl im September 2001 mit 19,4 % mehr Stimmen erzielt hatte als sämtliche Newcomer vor ihr (Decker/Hartleb 2006).

Gemessen am Wandel der gesellschaftlichen Konfliktstrukturen dürfte der Rechtspopulismus hierzulande ein ähnlich großes Wählerpotenzial

---

9 Die erste Welle setzte in der unmittelbaren Nachkriegszeit ein und reichte bis zum Verbot der Sozialistischen Reichspartei (SRP) im Jahre 1952. Die zweite Welle hob Mitte der 1960er Jahre an. Sie spülte die 1964 gegründete NPD in sieben Landtage, sollte danach aber rasch abebben.

aufweisen wie in anderen europäischen Ländern. Sein Scheitern geht insofern eher auf angebotsseitige Faktoren zurück; es verweist auf mangelnde politische Gelegenheiten, organisatorische Defizite und das allgemein ungünstige Umfeld für extremistische oder populistische Bestrebungen, die aufgrund der nachwirkenden nationalsozialistischen Vergangenheit stigmatisiert sind. Eine nicht minder große Rolle dürfte das Vorhandensein funktioneller Äquivalente spielen, die Proteststimmungen absorbieren oder in andere Kanäle lenken. So wie die etablierten Parteien wenig Skrupel zeigen, sich nötigenfalls selbst in Populismus zu üben, so verfügt dieser in Gestalt der BILD-Zeitung über ein mächtiges publizistisches Sprachrohr. Die heftige Debatte um die islamkritischen Thesen des früheren Bundesbankvorstands und SPD-Politikers Thilo Sarrazin im Sommer 2010 hat gezeigt, wie sich der rechte Protest in Deutschland jenseits der elektoralen Arena entlädt. Zugleich muss auf das hohe Niveau an rechtsextrem oder fremdenfeindlich motivierter Gewalt hingewiesen werden, das die Bundesrepublik von Ländern mit starken Rechtsaußenparteien (wie z. B. Österreich) unterscheidet.

Vom Vielparteiensystem zum Bipolarismus – und wieder zurück?

Zeichnet man die Entwicklung der Fragmentierung des bundesdeutschen Parteiensystems in einer Kurve auf, ergibt sich ein U-förmiger Verlauf. Die Vielparteienstruktur von 1949 bewegte sich in den 1950er Jahren rasch auf ein hoch konzentriertes Zweieinhalbparteiensystem zu, bevor in den 1980er Jahren eine neue, bis heute anhaltende Pluralisierungsphase einsetzte. Diese lässt sich wiederum in drei Etappen bzw. Zäsuren unterteilen: die Etablierung der Grünen in den 1980er Jahren, das Hinzutreten der ostdeutschen Regionalpartei PDS im Zuge der deutschen Einheit und die Entstehung einer gesamtdeutschen Linken nach der Fusion der Postkommunisten mit der westdeutschen SPD-Abspaltung WASG (Alemann 2010). Durch die Wählerwanderung von den großen zu den kleineren Parteien stieg die Zahl der effektiven Parteien bei der Bundestagswahl 2009 gegenüber 2005 noch einmal stark an (auf 4,65) und erreichte fast den Rekordwert der ersten Bundestagswahl 1949 (4,72).

Hauptindikator der Fragmentierung ist die nachlassende Mobilisierungskraft der beiden großen Parteien, die bei der Bundestagswahl 2009 zusammen erstmals weniger Stimmen auf sich vereinigten als 1949 (56,8 %

Abb. 8: Fragmentierung des bundesdeutschen Parteiensystems 1949 bis 2009

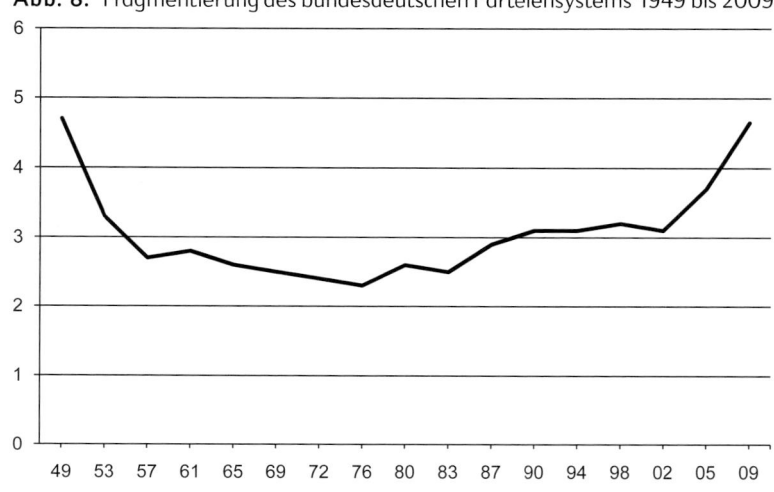

(Quelle: eigene Berechnungen, Zahl der effektiven Parteien auf der elektoralen Ebene)

gegenüber 60,2 %). Noch eindrucksvoller sind die Zahlen, wenn man sie zu den Wahlberechtigten in Beziehung setzt, also die rückläufige Wahlbeteiligung mit einbezieht. Konnten Union und SPD in der Hochzeit der Stabilität des Parteiensystems in den 1970er Jahren noch mehr als 80 % der Bürger hinter sich scharen, waren es 2009 nicht einmal halb soviel. Die schwindende Attraktivität der beiden großen Parteien geht zum einen mit Stimmengewinnen für die drei kleineren Parteien einher (FDP, Grüne und Linke), die zusammengenommen erstmals seit 1953 mehr Wähler erreichten als die kleinere der beiden Volksparteien; nach Niedermayer (2010b) ist dies gleichbedeutend mit einem Systemwechsel von der Zweiparteiendominanz hin zum Pluralismus. Zum anderen lässt sie sich an der wachsenden Zahl der „sonstigen" Stimmen ablesen. In den 1970er Jahren selten oberhalb der Ein-Prozent-Marke, belief sich deren zusammengefasster Anteil bei der Bundestagswahl 2009 auf sechs Prozent; bei Landtags- und Europawahlen erreicht er mitunter sogar zweistellige Werte.

Der Aufstieg der Union zur strukturellen Mehrheitspartei ist das markanteste Merkmal des frühen bundesdeutschen Parteiensystems. Vorangetrieben wurde er durch den stetigen Wirtschaftsaufschwung, der es CDU und CSU ermöglichte, große Teile der in die Mittelschicht aufstrebenden Arbeitnehmerschaft zu vereinnahmen. Die Sozialdemokraten hielten demgegenüber zunächst getreu an ihren marxistischen Grundsätzen fest. Erst

Abb. 9: Mobilisierungskraft der Volksparteien

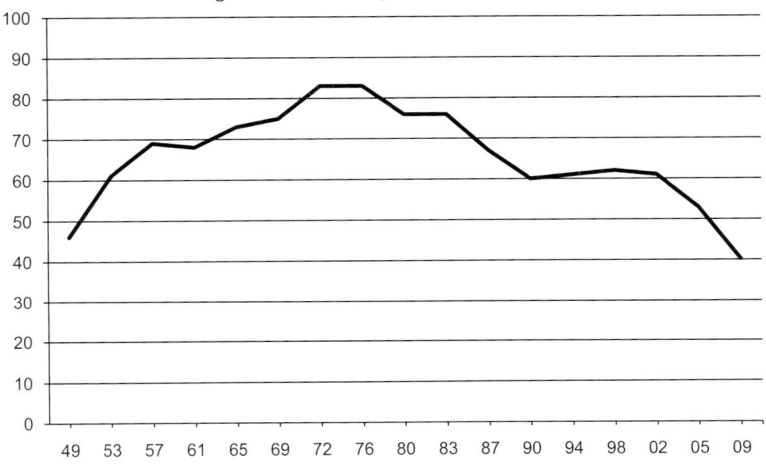

(Quelle: eigene Berechnungen, zusammengefasster Stimmenanteil von Union und SPD in Relation zur Zahl der Wahlberechtigten)

als sie diese im Godesberger Programm von 1959 abstreiften und die Realitäten der Sozialen Marktwirtschaft und außenpolitischen Westbindung programmatisch akzeptierten, machten sie Boden gut und verringerten den Abstand zu den Unionsparteien. Damit schufen sie die Voraussetzung für den Machtwechsel von 1969. Bis 1998 gelang es der SPD allerdings nur einmal, stärkste Partei zu werden – 1972 unter Kanzler Willy Brandt. 1976 und 1980 fiel sie wieder hinter die Union zurück, konnte sich aber durch die Koalition mit der FDP dennoch als Regierungspartei behaupten.

Der Verschleiß der Sozialdemokraten in der Regierungsrolle und die aufstrebende Konkurrenz der Grünen sorgten dafür, dass CDU und CSU ihre strukturelle Mehrheitsfähigkeit in den 1980er Jahren zurückgewannen und nach dem Seitenwechsel der FDP ab 1982 erneut die Regierung stellten. Künstlich verlängert wurde die Ära Kohl durch die deutsche Vereinigung, die der SPD gleich in mehrerlei Hinsicht zusetzte: Erstens konnte sie sich als Oppositionspartei nicht wirksam profilieren (zumal es ihr in der Deutschlandpolitik auch an der nötigen Glaubwürdigkeit mangelte), zweitens musste sie in der früheren DDR im Unterschied zur Ost-CDU organisatorisch praktisch bei Null anfangen, und drittens hatte sie es nun mit einem weiteren Konkurrenten im linken Lager zu tun – der postkommunistischen PDS. All das ermöglichte es der Union, ihre Vormachtstellung im Parteisystem bis Mitte der 1990er Jahre zu bewahren.

Nach dem überraschend deutlichen Wahlsieg der SPD bei der Bundestagswahl 1998 gab es unter Parteienforschern eine Debatte, ob damit eine neue Ära anbrechen könnte, die durch eine Asymmetrie unter umgekehrten Vorzeichen, also ein strukturelles Übergewicht der Sozialdemokratie gegenüber der Union gekennzeichnet sei (Alemann 1999). Wenn es solche Erwartungen gab, dann sollte die weitere Entwicklung sie bald widerlegen. Dass es mit der vermeintlichen Überlegenheit schnell ein Ende hat, wenn die Leistungsbilanz der Regierung „nicht stimmt", musste die SPD schon in der ersten Regierungsperiode erfahren. Zwar konnte sie die Macht 2002 noch einmal knapp verteidigen; der anschließende Kurswechsel in der Sozial- und Arbeitsmarktpolitik wurde ihr von den Wählern jedoch nicht verziehen. Er erwies sich als Geburtshelfer für die gesamtdeutsche Linke, deren Stimmengewinne in den alten Bundesländern letztlich den Ausschlag gaben, dass die rot-grüne Regierung 2005 abgewählt wurde und die SPD die Kanzlerschaft verlor.

Durch die Etablierung der Linken ist die Sozialdemokratie gegenüber der Union erneut in eine Minderheitsposition geraten. Denn anders als diese hat sie es jetzt nicht mehr nur mit einem, sondern mit zwei Konkurrenten im eigenen Lager zu tun. Machtpolitisch muss daraus kein zwingender Nachteil entstehen, wenn es der Partei gelingt, mit anderen Partnern zusammen eine Mehrheit gegen CDU und CSU zu bilden. Die Voraussetzungen dafür haben sich jedoch im Vergleich zu den 1970er Jahren erschwert.

Für die Koalitions- und Regierungsbildung sind neben den arithmetischen Größenverhältnissen vor allem die Beziehungen der Parteien untereinander maßgeblich; von ihnen hängt die Polarisierung und Segmentierung des Parteiensystems ab. Betrachten wir zunächst die Polarisierung. Gemessen an der Zahl und Stärke systemoppositioneller Parteien lag diese nur bei der ersten Bundestagswahl 1949 mit über 10 % im besorgniserregenden Bereich (was allerdings immer noch deutlich weniger war als in der Weimarer Republik). Die NPD scheiterte 1969 knapp daran, ihre vorangegangenen Wahlerfolge in den Ländern auf der Bundesebene zu wiederholen. Ihr Ergebnis von 4,3 % wurde auch in den 1990er Jahren von keiner rechtsextremen Partei mehr übertroffen. Ob die PDS und die ihr nachgefolgte Linkspartei als systemoppositionell bzw. extremistisch eingestuft werden müssen, bleibt in der Literatur umstritten. Die Polarisierung und Segmentierung des Parteiensystems hat durch sie aber zweifellos zugenommen, da keine der anderen Parteien bislang gewillt ist, mit den Postkommunisten auf der Bundesebene zu koalieren.

Das Verhältnis der beiden großen Parteien war zu Beginn der Bonner Republik stark gegnerschaftlich geprägt, ehe es in den 1960er Jahren zu einer programmatischen und habituellen Annäherung kam. Diese mündete in die Große Koalition von 1966 bis 1969, die allerdings Episode blieb und nach der Bildung der sozialliberalen Koalition von einer neuen Phase der Polarität abgelöst wurde. Dass der Antagonismus der Volksparteien in der Bundesrepublik keinen perfekten Dualismus begründete, lag an der FDP, die im Wettbewerb zwischen Union und SPD eine Scharnierfunktion übernahm und den Regierungswechsel dadurch zweimal ermöglichte (1969 und 1982). Die Etablierung der Grünen als vierte Kraft sollte ihr diese Schlüsselrolle ab Mitte der 1980er Jahre entwinden. Da sich die Grünen koalitionspolitisch ausschließlich in Richtung SPD orientierten, verblieben die Liberalen von nun an im Gegenzug genauso treu an der Seite der Union. Es entstanden also zwei fest gefügte Lager, die sich als klar unterscheidbare Alternativen gegenübertraten. Auf diese Weise konnte 1998 zum ersten Male ein kompletter Regierungswechsel ausschließlich von Wählerhand herbeigeführt werden.

Das Hinzutreten der PDS hatte für das dualistische Modell ambivalente Folgen. Auf der einen Seite fügten sich die Postkommunisten als dezidiert linke Partei in die Bipolarität des Systems ein. Auf der anderen Seite bildeten sie mit SPD und Grünen zusammen nur elektoral ein gemeinsames Lager, da beide Parteien eine koalitionspolitische Zusammenarbeit mit den SED-Nachfolgern ausschlossen. Das Parteiensystem war jetzt also auch innerhalb des linken Lagers zwischen Rot-Grün und der PDS segmentiert. 1994, 1998 und 2002 hatte das noch keine Rückwirkungen auf die Regierungsbildung, da die Postkommunisten zu schwach blieben, um das Zustandekommen einer „kleinen Koalition" zu vereiteln. Erst ihr Erfolg als gesamtdeutsche Linkspartei führte dazu, dass es bei der vorgezogenen Bundestagswahl 2005 für keines der beiden Lager (SPD/Grüne und Union/FDP) mehr zur Mehrheit reichte.

Die von manchen Politikwissenschaftlern gehegte Erwartung, mit der zweiten Großen Koalition werde eine neue konsensorientierte Ära des Parlamentarismus anbrechen, sollte sich nicht bewahrheiten. Bedingt durch die Rivalität der beiden Volksparteien, stand das im Unterschied zu 1966 unfreiwillig geschlossene Bündnis von Beginn an unter einem schlechten Stern. Es nährte im Wählerpublikum die Sehnsucht nach einer Rückkehr zu klaren Machtverhältnissen, die durch den deutlichen Sieg von Union und FDP bei der Bundestagswahl 2009 prompt befriedigt wurde. Das Fünfparteiensystem befindet sich seither in einer schwierigen Gemengelage. Auf der Bundesebene verharrt es noch oder wieder in der Bipolarität, auf der Länderebene zwingt es die Parteien längst, auch mit Nicht-Wunschpartnern Koalitionen einzugehen, die die Lagergrenzen überschreiten (s. u.). Die Konsequenzen dieser erzwungenen Flexibilität bestehen in langwierigeren Regierungsbildungen und häufigeren Regierungskrisen (mit vorgezogenen Neuwahlen).

Die Parteiensysteme in den Ländern

Der unitarische Charakter des deutschen Föderalismus bringt die Länderpolitik automatisch in den Sog des gesamtstaatlichen Parteiensystems und -wettbewerbs. Allerdings bestehen allein aufgrund des Hochburgeneffekts erhebliche Unterschiede in den parteipolitischen Kräfteverhältnissen zwischen den Gliedstaaten, die sich in ebenso unterschiedlichen Koalitions- und Regierungsformaten niederschlagen (Eilfort 2004). Die Länder werden damit zugleich zu potenziellen Experimentierfeldern für den Bund, indem sie die dort geschlossenen Koalitionen vorwegnehmen. Dies war in der Bundesrepublik bisher bei allen Regierungswechseln der Fall (Jun/ Haas/Niedermayer 2008).

In der Frühphase der Bonner Republik wichen die Koalitions- und Regierungstypen auf beiden Ebenen stark voneinander ab. Während im Bund 1949 die Weichen für das dualistische Modell gestellt wurden, amtierten in den Ländern überwiegend Große Koalitionen oder sogar Allparteienregierungen (Kost/Rellecke/Weber 2010). Durch die Konzentration des Parteiensystems in den 1950er Jahren kam es zu einer raschen Angleichung. Ihren Höhepunkt erreichte diese nach der Beendigung der Großen Koalition in Baden-Württemberg im April 1972, als es in den Ländern nur mehr Einparteienregierungen und kleine Koalitionen gab, die dem Regierungs- bzw. Oppositionslager des Bundes entsprachen.

Die Pluralisierung des Parteiensystems hat die Zahl der Koalitions- und Regierungsformate seit den 1980er Jahren wieder ansteigen lassen. Existierten in der Hochzeit der Stabilität des deutschen Parteiensystems zwischen 1972 und 1977 gerade einmal drei verschiedene Koalitionstypen, so waren es zwischen 1990 und 2010 bereits 13. Die Konsequenzen der Pluralisierung können zugleich an der Häufung der Regierungswechsel in den Ländern abgelesen werden. Diese sind einerseits Ausdruck der allgemein gestiegenen Volatilität des Wählerverhaltens, zum anderen hängen sie mit dem speziellen „Zwischenwahleffekt" der Landtagswahlen zusammen, deren starke Überlagerung durch die Bundespolitik Wähler verleitet, gegen die jeweiligen Regierungsparteien auf Bundesebene zu votieren (Decker 2006). Nachhaltig verändert wurde das Verhältnis der beiden Ebenen durch die deutsche Einheit. Die Wettbewerbsstrukturen des Parteiensystems, die in der alten Bundesrepublik weitgehend symmetrisch waren, haben sich nach dem Hinzutreten der ostdeutschen Länder regional auseinanderentwickelt und zu einer größeren Eigenständigkeit der Länderpolitik geführt. Im Viereinhalbparteiensystem, das bis zur Bundestagswahl 2005 Bestand hatte, verliefen die Trennlinien noch vorwiegend zwischen West- und Ostdeutschland. Im heutigen Fünfparteiensystem verlaufen sie zugleich innerhalb der beiden Landesteile, wobei die Kräfteverhältnisse auch im Zeitverlauf starken Schwankungen ausgesetzt sind (Jesse/Klein 2007).

Abb. 10: Häufigkeit von Regierungswechseln nach Landtagswahlen

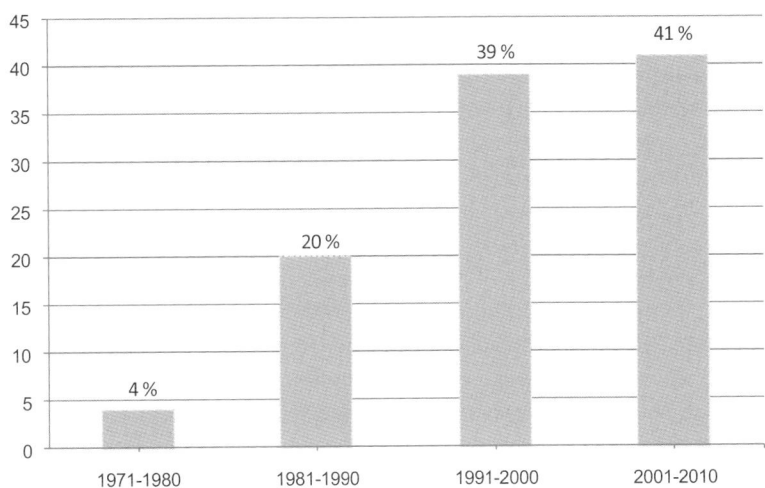

(Quelle: eigene Berechnungen. Ein Regierungswechsel liegt vor, wenn nach der Wahl eine der beiden großen Parteien (Union/SPD) aus der Regierung ausscheidet. Unberücksichtigt bleiben die Gründungswahlen in den fünf neuen Bundesländern im Oktober 1990. Die Bildung der CDU/SPD-Koalition in Sachsen im Jahre 2004 und deren Ablösung durch eine CDU/FDP-Koalition fünf Jahre später wurden als Regierungswechsel gewertet, obwohl die SPD in beiden Fällen nur drittstärkste Kraft im Parteiensystem war)

Die Regionalisierung des Parteiensystems hat zur Folge, dass die Koalitionsbildung im Bund anderen Gesetzmäßigkeiten unterliegt als in den Ländern und in den neuen Ländern wiederum anderen als in den alten. In den neuen Ländern sorgte die Stärke der PDS dafür, dass diese schon nach der zweiten Runde der Landtagswahlen in die Regierungsverantwortung mittelbar eingebunden wurde (in Sachsen-Anhalt). Förmliche Koalitionen in Mecklenburg-Vorpommern, Berlin und Brandenburg folgten. Gleichzeitig führte die relative Schwäche von FDP und Grünen in Verbindung mit der strukturellen Hegemonie des linken Lagers dazu, dass das Modell der „kleinen Koalition" die Ausnahme blieb und – von einem Fall[10] abgesehen – auch keine lagerübergreifenden Dreierkoalitionen gebildet werden konnten oder mussten.

In den alten Bundesländern entsprach die Regierungsbildung dagegen bis zum Auftreten der WASG dem durch die bipolare Vierparteienstruktur vorgegebenen Muster. Auch nach Etablierung der gesamtdeutschen Linken sollten deren westliche Ableger so schwach bleiben, dass kleine Zweierkoalitionen oder sogar Alleinregierungen nach dem vertrauten Modell möglich blieben (so in Baden-Württemberg, Rheinland-Pfalz, Bremen, Niedersachsen, Bayern, Hessen und Schleswig-Holstein). In keinem einzigen Fall kam eine Große Koalition zustande.

Wesentlich komplizierter gestaltet sich die Situation auf Bundesebene. Weil die neu entstandene Linke aufgrund ihrer Stärke in Ostdeutschland gesamtdeutsch mit einem in etwa doppelt so hohen Stimmenanteil rechnen kann wie im Durchschnitt der Westländer, ist die Wahrscheinlichkeit hier deutlich gesunken, dass es für die herkömmlichen Zweierkoalitionen noch zu Mehrheiten reicht. Die abweichende Entwicklung in den Ländern erweist sich vor diesem Hintergrund als Problem. Denn besteht dort – wie gesehen – keine Notwendigkeit, lagerübergreifende Dreierkoalitionen zu bilden, entfallen die Länder als Testlabor für entsprechende Koalitionen auf Bundesebene, die dann ohne vorherigen Probelauf auskommen müssten.

Letzteres weist darauf hin, dass auch in einem regionalisierten Parteiensystem die Koalitionsbildung einem erheblichen Einfluss der Bundespolitik ausgesetzt bleibt. So wie sich die Wähler bei ihren Landtagswahlentscheidungen stark von bundespolitischen Erwägungen leiten lassen, so stehen die Landesverbände bei den Koalitionsentscheidungen unter

---

10 In Brandenburg amtierte von 1990 bis 1994 eine Ampelkoalition aus SPD, FDP und Bündnis 90.

dem Druck ihrer Bundesparteien. Durchkreuzen sie deren Strategieplanung, wie es die SPD-Politikerin Andrea Ypsilanti nach der hessischen Landtagswahl 2008 getan hat[11], droht der gesamten Partei massiver Schaden. Ausschlaggebend für die bundespolitische Überlagerung ist nicht nur das klare Übergewicht des Bundes in der Gesetzgebung — trotz Föderalismusreform und der gestiegenen Bedeutung bestimmter Landesthemen (etwa der Schulpolitik) in den letzten Jahren —, sondern auch die institutionelle Gleichförmigkeit der Bundes- und Länderpolitik. Weil die Gliedstaaten das parlamentarische System des Grundgesetzes sämtlich bis ins Detail nachahmen, ergeben sich hier wie dort dieselben Bedingungen und Zwänge der Mehrheitsbildung.[12] Verstärkt wird dieser Effekt durch die föderative Mitregierung (über den Bundesrat), die bei Regierung und Opposition ein Interesse entstehen lässt, die Machtkonstellationen auf beiden Ebenen „gleichzuschalten".

Koalitionsbildung im Fünfparteiensystem: Drei Szenarien

Wie wird sich das Parteiensystem der Bundesrepublik weiter entwickeln? Nach der Zäsur der Bundestagswahl 2005 wurden von den Experten zwei Zukunftsszenarien — ein negatives und ein positives — ausgemalt. Entweder — so hieß es — komme es wie in Österreich zu einer Perpetuierung der Großen Koalition. Oder eine multiple Koalitionslandschaft wie in den skandinavischen Ländern würde entstehen, in der lagerübergreifende Dreierbündnisse das Bild prägten.

---

11 Obwohl sie eine solche Option vor der Wahl ausgeschlossen hatte, strebte Ypsilanti die Bildung einer von der Linken geduldeten rot-grünen Minderheitsregierung an. Diese kam nicht zustande, weil vier SPD-Abgeordnete ihre Zustimmung verweigerten.

12 Altkanzler Helmut Schmidt hat sich in seiner Kolumne im ZEIT-Magazin darüber zu Recht mokiert. „Die sechzehn Bundesländer brauchen nicht notwendig Regierung und Opposition; vielmehr ist ihnen eine anständige Verwaltung notwendig und ebenso ein Landtag, der die Verwaltung sorgfältig überwacht. Das Problem der Koalitionsbildung stellt sich dagegen im Bund, denn in Berlin muss wirklich regiert werden. „Auf eine Zigarette mit Helmut Schmidt. Über Koalitionen und italienische Zustände", ZEIT-Magazin Nr. 9 vom 21. Februar 2008, S. 54.

Beide Szenarien haben sich nicht bewahrheitet. Die koalitionspolitische Öffnung der Grünen führte in Hamburg zum ersten schwarz-grünen Regierungsbündnis auf Landesebene, das aber noch vor Ablauf der Legislaturperiode zerbrach. Der Option „Jamaika" musste sich die Grünen-Führung vor der Bundestagswahl 2009 auf Druck ihrer Basis ohnehin verschließen – erst nach der Wahl wurde sie im Saarland erstmals realisiert. Noch hermetischer bleibt die Abschottung der FDP gegen ein Ampelbündnis mit SPD und Grünen, die – trotz eines ersten Annäherungsversuches in Nordrhein-Westfalen – von den Liberalen in den Ländern konsequent durchgehalten wurde. Bei ihrer Erstauflage in Bremen und Brandenburg Anfang der 1990er Jahre waren die rot-gelb-grünen Bündnisse beide gescheitert.

Vor dem Hintergrund der nicht zustande gekommenen oder zerbrochenen Dreierbündnisse ist es erstaunlich, dass die Große Koalition als alternatives Regierungsmodell zuletzt ebenfalls an Attraktivität eingebüßt hat. Wurden bis zu den Landtagswahlen im August und September 2009 fünf Länder von CDU und SPD gemeinsam regiert, waren es nach den Wahlen im März 2011 nur noch drei (Mecklenburg-Vorpommern, Sachsen-Anhalt und Thüringen). Nimmt man Jamaika im Saarland hinzu, gibt es auf der Länderebene damit vier lagerübergreifende Bündnisse, denen elf bürgerliche oder linke Koalitionen nach klassischem Muster gegenüberstehen. (Der Stadtstaat Hamburg bleibt mit seiner SPD-Alleinregierung ein Exot.)

Auf der Bundesebene bewahrheitete sich unterdessen die schon bei einigen der vorangegangenen Landtagswahlen eingetroffene Prognose, wonach kleine Zweierkoalitionen im Fünfparteiensystem durchaus möglich bleiben – allerdings nur für das bürgerliche Lager! SPD und Grünen gelang es zwar bei einigen Landtagswahlen in den alten Ländern, die Regierungen zu bilden. Doch handelte es sich dabei entweder um Hochburgen (Rheinland-Pfalz, Bremen) oder um eine Folge des schwachen Abschneidens der Linkspartei (Baden-Württemberg). Wo letztere den Einzug in den Landtag schaffte – wie in Nordrhein-Westfalen – reichte das Ergebnis für Rot-Grün selbst unter exzeptionellen Bedingungen für eine eigene Mehrheit nicht aus. Da die CDU trotz herber Stimmenverluste im Gesamtergebnis knapp vor den Sozialdemokraten lag, hätte sich die SPD in einer Großen Koalition mit der Rolle des Juniorpartners begnügen müssen. Nach den schlechten Erfahrungen mit der Großen Koalition im Bund wollte die Partei darauf nicht eingehen. Stattdessen öffnete sie die Tür für eine rot-grüne Minderheitsregierung, nachdem Sondierungsgespräche mit der FDP und den Linken zuvor erfolglos geblieben waren.

Das Nichtzustandekommen eines lagerübergreifenden Bündnisses in Nordrhein-Westfalen deutet an, dass die Zeichen eher auf eine Rückkehr zum dualistischen Modell stehen. Gelingt es Rot-Grün und der Linken, ihre derzeit noch bestehende wechselseitige Abneigung zu überwinden, dann könnten sich in der Bundesrepublik bald wieder zwei annähernd gleich starke, koalitionspolitisch abgrenzbare Formationen begegnen, die um die Regierungsmacht streiten. Die Situation wäre damit ähnlich wie in den 1980er Jahren, nur dass sich das linke Lager jetzt statt aus zwei aus drei Teilen zusammensetzt.

Gegen ein solches Szenario spricht die Ungewissheit, wie sich das Verhältnis von SPD, Grünen und Linken entwickeln wird. Einerseits ist das Interesse an einer gemeinsamen Machtperspektive noch kein Garant für die Überwindung bestehender personeller und programmatischer Differenzen. In Nordrhein-Westfalen z. B. war von vornherein klar, dass der Zustand des Landesverbandes der Linken eine Zusammenarbeit unmöglich machen würde. Auch auf der Bundesebene spricht die inhaltliche Positionsbestimmung der Linkspartei zur Zeit eher gegen eine baldige Überwindung der koalitionspolitischen Segmentierung.

Andererseits führen die unterschiedlichen Koalitionsmöglichkeiten der beteiligten Partner dazu, dass ihre strategischen Interessen nicht deckungsgleich sind. Einer vollständigen Vereinnahmung im linken Lager dürften sich insbesondere die Grünen widersetzen. Denn hält sich die „Öko-Partei" den Weg frei, gegebenenfalls auch mit den bürgerlichen Parteien zu paktieren, würde sie demnächst eine ähnliche Zünglerolle im Parteiensystem einnehmen wie früher die FDP. Warum sollte sie auf diesen Vorteil verzichten? In der Vergangenheit waren es vor allem die Differenzen in der Energie- und Bildungspolitik, die das Zusammenkommen von Schwarz und Grün erschwerten. Mit der von der Union eingeleiteten Wende in der Atompolitik könnte demnächst eines dieser Hindernisse – und der bisher größte Stolperstein für die Zusammenarbeit auf Bundesebene – entfallen.

Bilanziert man die Entwicklungen des Parteiensystems seit der Bundestagswahl 2009, deutet für 2013 vieles in Richtung eines lagerübergreifenden Bündnisses. Erstens bleibt die Linke auf Bundesebene aufgrund ihrer Ergebnisse in Ostdeutschland so stark, dass eine eigene Mehrheit für Rot-Grün kaum erreichbar erscheint. Zweitens hat das faktische Scheitern der christlich-liberalen Regierungskoalition zu einem Zerfall des bürgerlichen Lagers geführt, der eine Bestätigung von Schwarz-Gelb bei der Bundestagswahl denkbar unwahrscheinlich macht. Das Ausmaß der Entfremdung zwischen den vermeintlichen Wunschpartnern Union und FDP stellt selbst für wohlmeinende Beobachter eine Überraschung dar. Die Folge ist ein beispielloser Absturz der FDP in der Wählergunst, während die Union bestenfalls stagniert. Und drittens haben sich im Oppositionslager die Gewichte von den Sozialdemokraten hin zu den Grünen verschoben.[13] Die SPD büßt dadurch nicht nur ihre bisher unbestrittene Führungsrolle unter den linken Parteien ein, die Voraussetzung ist, um ein Dreierbündnis mit den Liberalen oder der Linkspartei zustandezubringen; sie gerät auch gegenüber der Union immer stärker ins Hintertreffen. Diese behält im Fünfparteiensystem ihre Schlüsselposition bei der Regierungsbildung und befindet sich nach der nächsten Bundestagswahl womöglich in der angenehmen Situation, zwischen der SPD und den Grünen als künftigem Koalitionspartner wählen zu können.

---

13 Symbolhaft markiert wurde dies durch das Ergebnis der Landtagswahl in Baden-Württemberg im März 2011, als die SPD knapp hinter den Grünen lag und diesen deshalb in einer gemeinsamen Koalition erstmals das Amt des Ministerpräsidenten überlassen musste.

7 Parteien im Staat

← nicht relevant f. Klausur

Die Kritik an den Parteien ist allgegenwärtig und kann — nicht nur in Deutschland — auf eine lange Tradition zurückblicken. In ihren Ursprüngen reicht sie bis zum Beginn der demokratischen Entwicklung zurück, die mit dem aufkommenden Parteiwesen aufs engste verbunden ist. Dieses historische Verdienst der Demokratisierung, wenn es überhaupt ins Bewusstsein tritt, wird den Parteien allerdings nicht gedankt. So sehr der Parteienwettbewerb als Erscheinungsform der parlamentarisch verfassten Demokratie im allgemeinen akzeptiert ist, so gering bleibt das Ansehen der Parteien selbst. Umfragen zufolge erhalten die Parteien unter den demokratischen Institutionen regelmäßig die schlechtesten Bewertungen. Dies dürfte zum einen damit zusammenhängen, dass sie aufgrund ihres intermediären, zwischen Gesellschaft und Staat vermittelnden Charakters eher zu den funktionalen als zu den „würdigen" Teilen des Regierungssystems gerechnet werden müssen, um mit Walter Bagehot zu sprechen. Zum anderen sind die Parteien ihrem Wesen nach partikulare, auf die Verfolgung eigener Machtinteressen programmierte Akteure, die der geforderten Gemeinwohlorientierung des politischen Systems dem Anschein nach widerstreiten. Die Geringschätzung des Partikularismus geht dabei einher mit einer generellen Abwertung des Konflikts als Modus politischer Problemlösung.

Das Harmoniebedürfnis, das hinter solchen Urteilen vorscheint, arbeitet dem „Anti-Parteien-Affekt" in die Hände. Während sich beim Begriff Parteiendemokratie auch positive Assoziationen einstellen, sind Parteienstaat und Parteienregierung als Begriffe negativ besetzt. In ihnen schwingt der Vorwurf mit, dass die Parteien ihre Herrschaft zum Schaden des Gemeinwesens auch auf solche Bereiche der Gesellschaft und des Staates ausdehnten, in denen sie von Verfassungwegen nichts zu suchen hätten. Aus ihrer Mitwirkungsfunktion an der politischen Willensbildung, wie Artikel 21 des Grundgesetzes unbekümmert formuliert, sei in Wahrheit ein Monopol geworden. Die Kritik am Parteienstaat entbehrt nicht der Ironie, verbindet sie sich doch mit der Vorstellung eines suspendierten oder nicht funktionierenden Wettbewerbs zwischen den Parteien, was dem Unbehagen an der Konkurrenzdemokratie offensichtlich widerspricht. Diese Vorstellung, die in der Staatsrechtslehre breiten Rückhalt findet, hat mit dem von Katz und Mair (1995) entwickelten Konzept der Kartellparteien mittlerweile auch ihren politikwissenschaftlichen Segen erhalten (s. u.). In der öffentlichen Debatte entfaltet die Parteienstaatskritik ohnehin rege Wirksamkeit, weil sie vorhandene Anti-Parteien-Gefühle in der Bevölkerung aufgreift und bestätigt. Damit läuft sie freilich Gefahr, das Kind mit dem Bade auszuschütten und die Akzeptanz der Parteiendemokratie noch weiter in Mitleidenschaft zu ziehen (Gabriel/Holtmann 2010).

Am Ausgangspunkt der Kritik am Parteienstaat steht die Diskrepanz zwischen den schwächer werdenden gesellschaftlichen Wurzeln der Parteien und dem Ausbau ihrer staatlichen Machtbastionen. Unterschiedliche Auffassungen gibt es, wie beide Prozesse zusammenhängen. Autoren wie Katz und Mair unterstellen, dass die Parteien das Wegbrechen ihrer gesellschaftlichen Basis durch eine Stärkung der Position im Staat gezielt wettgemacht hätten. Dies dürfte in zweierlei Hinsicht zu kurz greifen. Erstens wäre es falsch, von einem generellen Machtzuwachs der Parteien im staatlichen Bereich zu sprechen. Nicht nur, dass der Staat im Zuge der Denationalisierung als Ganzes an Steuerungsfähigkeit eingebüßt hat. Die Parteien haben auch im Verhältnis zu anderen staatlichen und gesellschaftlichen Institutionen – etwa den Interessenverbänden und Medien – Positionsverluste hinnehmen müssen.

Zweitens handelt es sich beim Hineinwachsen der Parteien in den Staat um einen Prozess „sui generis", der mit ihren gesellschaftlichen Funktionen zunächst gar nichts zu tun hat. Der Parteienstaat ist vielmehr das natürliche Pendant einer Entwicklung, die im 20. Jahrhundert zur Herausbildung des „arbeitenden" oder „Leistungsstaates" geführt hat und ein Produkt der modernen Industriegesellschaft darstellt. Je mehr sich der Staat aufgerufen fühlte, in das soziale und wirtschaftliche Geschehen regulierend einzugreifen, desto enger wurde auch die Symbiose zwischen Parteien und Staat. Betrachtet man die Folgen dieser Entwicklung, so stellt sich der Zusammenhang genau umgekehrt dar: Der Ausbau des Wohlfahrtsstaates ermöglichte es den Bürgern, die Bindungen zu „ihren" Parteien zu lockern, weil sie auf die Fürsorgeleistungen, die diese im gesellschaftlichen Bereich erbrachten, nicht mehr im selben Maße angewiesen waren (Koole 1996: 512). Die Parteien wurden dadurch zum einen gezwungen, sich neue Wählergruppen zu erschließen. Zum anderen mussten sie verstärkt auf staatliche Ressourcen zurückgreifen, um ihre Aufgaben weiter zu erfüllen.

Legitimatorisch birgt das ein schwieriges Dilemma. Dass die Parteien als Regierungsinstitutionen „in eigener Sache" entscheiden und in den Fragen, die sie als Organisation unmittelbar betreffen, mit der Konkurrenz ein Kartell bilden, wäre für sich genommen schon heikel genug. Gravierender ist, dass der Selbstprivilegierung kein vergleichbares Gewicht mehr in Gesellschaft und Staat entspricht, das als Vertrauensvorschuss wirkt und ihnen ein „Legitimationspolster" verschafft. Die Akzeptanz des parteiendemokratischen Systems steht und fällt damit ausschließlich mit den durch die Politik erbrachten Leistungen. Bleiben diese hinter den Erwartungen zurück, dürfte auch die Bereitschaft der Bürger sinken, die Machtusurpation der Parteien als notwendiges Übel hinzunehmen.

Beleuchten lässt sich das insbesondere an der Ausdehnung der staatlichen Parteienfinanzierung. In den 1960er Jahren eingeführt, hat deren Anteil an den Gesamteinnahmen der bundesdeutschen Parteien im Laufe der Zeit kontinuierlich zugenommen. Diese Entwicklung war keineswegs selbstverständlich. Zwar hatten die Autoren des Grundgesetzes aus dem Scheitern der Weimarer Parteiendemokratie die richtige Konsequenz gezogen, dass sie die Parteien jetzt ausdrücklich anerkannten und in den Rang von Verfassungsinstitutionen erhoben. Unmittelbare Konsequenzen für die staatliche Finanzierung ergaben sich daraus aber zunächst nicht. Dass die Konkretisierung des gesetzlichen Regelungsauftrages des Art. 21 bis 1967 verschleppt wurde, lag in erster Linie an den Unionsparteien, die auf diese Weise die im Grundgesetz geforderte Rechenschaftspflicht für Unternehmensspenden umgehen wollten. Das von der Adenauer-CDU etablierte Finanzsystem, das die Herkunft der steuerbegünstigten Spenden durch eigens dafür eingerichtete Fördergesellschaften verschleierte, hatte auch nach der Verbreiterung der staatlichen Finanzierungsquellen Bestand. Seine Spätfolgen zeigten sich bei der Spendenaffäre im Jahre 1999/2000, die das Ansehen des langjährigen Vorsitzenden und Bundeskanzlers Helmut Kohl ramponierte und die CDU kurzzeitig in eine tiefe Krise stürzte.

Das Understatement des Art. 21, wonach die Parteien an der politischen Willensbildung „mitwirken", wurde durch die Formulierungen des Parteiengesetzes in das Gegenteil verkehrt (Hennis 1992). Diese trugen die Handschrift des Verfassungsrichters und Göttinger Staatsrechtslehrers Gerhard Leibholz, dessen Parteienstaatstheorie den umfassenden Herrschaftsanspruch der Parteien zu legitimieren versuchte. Leibholz argumentierte, dass das klassisch-liberale Prinzip der parlamentarischen Repräsentation in der modernen Massendemokratie obsolet geworden sei.

Der Gemeinwille werde nicht mehr durch unabhängige Abgeordnete gebildet, sondern durch Parteienvertreter, die als unmittelbare Sprachrohre
des Volkes wirkten. Indem er die Trennung zwischen Gesellschaft und
Staat im politischen Willensbildungsprozess aufhebe und den Willen der
Parteienmehrheit mit dem Gemeinwillen identifiziere, galt der Parteienstaat Leibholz als „rationalisierte Erscheinungsform der plebiszitären Demokratie" (1967: 93).

Die Gleichsetzung von Volkssouveränität und Parteienherrschaft wurde
weder vom Verfassungsrecht noch von der Politikwissenschaft nachvoll-
zogen. Dennoch übte die Parteienstaatslehre gewaltigen Einfluss auf die
Rechtsprechung des Bundesverfassungsgerichts und den Inhalt des Parteiengesetzes aus. In der auch für ihn zentralen Frage der staatlichen Finanzierung konnte sich Leibholz gegenüber seinen Richterkollegen dabei
nur teilweise durchsetzen. Das Bundesverfassungsgericht schob der allgemeinen Staatsfinanzierung 1966 einen Riegel vor, öffnete aber im Gegenzug die Schleusen für die Erstattung von Wahlkampfkosten, was in
der Bundesrepublik bis zu Beginn der 1990er Jahre eine sukzessive Ausweitung der direkten staatlichen Zuwendungen nach sich zog.

Betrachtet man nur die Mittel aus der Wahlkampfkostenerstattung
und stellt sie den aus Mitgliedsbeiträgen und Spenden aufgebrachten
Eigenmitteln der Parteien gegenüber, wird das Ausmaß der staatlichen
Finanzierung der Parteien nicht unmittelbar sichtbar. Hier zeigt sich im
Gegenteil ein erstaunlicher Anstieg des Beitragsanteils von etwa einem
Drittel (1968) auf derzeit nahezu 50 % der Gesamteinnahmen, während
der staatliche Finanzierungsanteil im selben Zeitraum von 55 auf gut 40 %
zurückgegangen ist. Das Bild vervollständigt sich erst, wenn man über die
Wahlkampfmittel hinaus auch die Quellen der indirekten staatlichen Finanzierung mit einbezieht. Hierzu gehören z. B. die Abgaben von Mandatsträgern, die als „Parteisteuern" offiziell bei den Mitgliedsbeiträgen
mit gezählt werden und deren Anteil dadurch künstlich in die Höhe trei-
ben, die Finanzierung der Abgeordnetenmitarbeiter, die Zuschüsse an die
Fraktionen, die Steuerbegünstigung von Spenden und Mitgliedsbeiträgen
sowie – als größter Posten – die Zuwendungen an die Parteistiftungen,
soweit sie in die Schulung und Weiterbildung des politischen Personals
fließen. Summiert man all diese Mittel, so lag der staatliche Finanzierungsanteil ausgangs der 1990er Jahre mit annähernd 80 % weit über
der vom Bundesverfassungsgericht 1992 als zulässige Obergrenze festgelegten 50 %-Marge. Profitiert von dieser Entwicklung haben vor allem
die Parteizentralen. „Die direkte und indirekte Staatsfinanzierung öffnete

ein Tor, um den Serviceapparat für Abgeordnete und Parteispitzen auf Partei-, Wahlkreis- und Parlamentsebene auf eine von anderen Finanzierungsquellen unabhängige Basis zu stellen. All dies geht auf gesetzliche Regelungen zurück, die sich die Parteien selbst schufen" (Wiesendahl 2006: 116).

Wie ungeniert sie dabei vorgingen, lässt sich daran ablesen, wie oft das Bundesverfassungsgericht die gesetzlichen Bestimmungen der Parteienfinanzierung korrigiert hat. Das Karlsruher Gericht reagierte damit auch auf die Phantasie, die die etablierten Parteien entwickelten, um die von ihm vorgenommenen Begrenzungen erneut zu umgehen bzw. zu unterlaufen. Letzteres gilt z. B. für die jüngst ins Gerede gekommenen Sponsoring-Praktiken, die von den Spendenregelungen des Parteiengesetzes bislang nicht erfasst werden.

Der zweite große Topos der Parteienstaatskritik bezieht sich auf das Rekrutierungsmonopol des politischen Personals und die Ämterpatronage. Auch hier liegt das Problem darin, dass die Parteien die sie begünstigenden Regelungen selber treffen können oder müssen. Bezogen auf die

Abb. 11: Indirekte Staatsfinanzierung der Parteien (Parteiensteuern, Fraktionszuschüsse, Finanzierung der Abgeordnetenmitarbeiter, Stiftungsanteil für politische Bildungsarbeit – jährliche Zuwendungen in Mio. Euro)

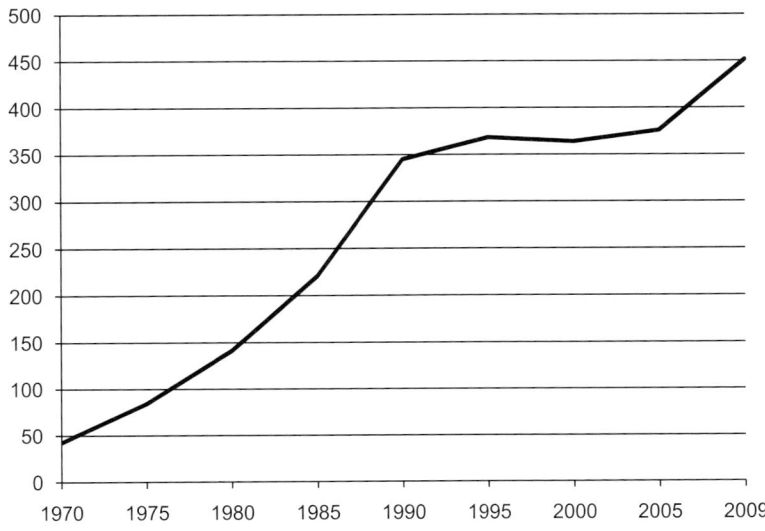

(Quelle: Wiesendahl 2006: 115, eigene Aktualisierung. Für die Überlassung der Originaldaten danke ich Elmar Wiesendahl).

Rekrutierung gilt das z. B. für das Wahlrecht und die — in den Parteisatzungen festgelegten — Verfahren der Kandidatenaufstellung, die über die Zugangschancen von neuen Wettbewerbern und Seiteneinsteigern entscheiden (Köhler 2006). In beiden Bereichen haben die Parteien bislang kaum Bereitschaft gezeigt, ihre *closed shop*-Mentalität abzulegen. Noch weniger legitimierbar erscheint die unter dem Begriff der Ämterpatronage firmierende parteipolitische „Infiltration" der staatlichen und vorstaatlichen Institutionen (Verwaltung, Ministerialbürokratie, Justiz, Rundfunkanstalten, öffentliche Unternehmen). Die Besetzung der Positionen nach Parteizugehörigkeit dient hier zum einen der Loyalitäts- und Machtsicherung („Herrschaftspatronage"), zum anderen dazu, verdiente Parteigänger mit einem Posten zu belohnen („Versorgungspatronage").

Dass es in der Bundesrepublik trotz dieser Erscheinungen nicht zu einer vollständigen Delegitimierung des Parteienstaates gekommen ist, lässt sich auf mehrere Gründe zurückführen. Erstens wird der Parteieneinfluss hierzulande durch institutionelle Gegengewichte wie Föderalismus, Verfassungsgerichtsbarkeit und Medien begrenzt, sodass von einem faktischen Herrschaftsmonopol der Parteien keine Rede sein kann. Zweitens zeichnete sich das deutsche Regierungssystem in der Vergangenheit durch einen äußerlich funktionierenden, gegnerschaftlich geprägten Parteienwettbewerb aus, der den politischen Wechsel über die Koalitionsbildung stets ermöglichte; die Kartellisierungstendenzen blieben insoweit auf den Bereich der institutionellen Eigeninteressen der Parteien beschränkt. Beides unterscheidet die Bundesrepublik von klassischen Parteienstaaten wie Österreich oder Italien, wo die Kartellstrukturen jahrzehntelang in ein konkordanzdemokratisches System eingebunden waren, das den Wettbewerb auch auf der Regierungsebene suspendierte (s. u.). Und drittens besteht innerhalb der für die Vorbereitung der Gesetze zuständigen Ministerialbürokratie ein traditionell stark ausgeprägter Hang zur „Depolitisierung". Symptomatisch dafür ist die hohe Loyalität der Ministerialbürokraten, die nach Regierungswechseln nur einen geringen Personaltausch erforderlich macht (anders als z. B. in den USA). Versorgungspatronage ist dem bundesdeutschen Parteienstaat nicht fremd, wie die wundersame Vermehrung der Parlamentarischen Staatssekretäre in der Amtszeit von Helmut Kohl gezeigt hat; sie spielt aber quantitativ keine bedeutende Rolle. In der Summe bleibt die parteipolitische Durchwirkung der administrativen Politikformulierung in der Bundesrepublik gering.

Die äußerlichen Erscheinungsformen des Parteienstaates müssen als Konsequenz dieser Entwicklung aufgefasst werden (Murswieck 1991). Je

weniger die Parteien in die fachautonomen Ressorts hineinregieren können, um so mehr neigen sie dazu, die „Politisierung" auf anderem Wege
herbeizuführen. So erklärt es sich, dass die wirklich ärgerlichen Fälle par-
teipolitischer Versorgungs- und Herrschaftspatronage heute vor allem im
vorgouvernementalen Bereich – in den Rundfunkanstalten[14] und öffentlichen Unternehmen – stattfinden und nicht in den Ministerien. Auch das
Bestreben der Parteien, ihren Einfluss durch eine stärkere Kontrolle der
Ämterbesetzung zu sichern, findet hier seine Ursache. Am greifbarsten ist
die Politisierung, wenn Regierungsentscheidungen in spezielle Koalitions-
gremien ausgelagert werden. Dies trifft in der Regel auf politisch besonders wichtige Fragen zu, die zwischen den Koalitionspartnern umstritten
sind, oder auf Fragen, die quer zu den Ressortzuständigkeiten liegen.

Die parteipolitische Einflussnahme kann je nach normativem Stand-
punkt zu unterschiedlichen Bewertungen führen. Aus demokratisch-ver-
fassungsstaatlicher Sicht erscheint die Selbstprivilegierung der Parteien
als kaum zu rechtfertigende Machtanmaßung (von Arnim 2001). Liegt der
Hauptakzent dagegen auf der Funktionsweise, so leisten die Parteien einen
wichtigen Beitrag zur Integration der Regierungsgeschäfte, der Innovationen fördert und Stillstand verhindert. Dass die letztgenannte Position
in der Öffentlichkeit einen schweren Stand hat, darf nicht verwundern.
Dennoch ist die Mobilisierungswirkung des Parteienstaatsthemas in der
Bundesrepublik erstaunlich gering geblieben. Was unter intellektuellen
Kritikern bisweilen heftige Reaktionen auslöst, wird von der breiten Bevölkerung eher gleichgültig betrachtet und zumeist nur in Verbindung mit
anderen ungelösten Problemen virulent. Anti-Parteien-Parteien wie die
italienische Lega Nord oder die österreichische FPÖ hatten aus diesem
Grund in der Bundesrepublik bis zuletzt keine Chance. Wo sie gegründet
wurden, handelte es sich um reine Kopfgeburten, denen es an der nötigen populistischen Durchschlagskraft fehlte (Beispiel: die Hamburger Statt-
Partei). Darüber hinaus ist es den etablierten Parteien gelungen, der Kritik durch institutionelle Reformen – etwa die Einführung plebiszitärer
Elemente auf kommunaler und Länderebene – Wind aus den Segeln zu
nehmen.

---

14 Ein viel diskutierter Fall aus den letzten Jahren war die von der CDU-Mehr-
    heit des Verwaltungsrats gegen den Willen des Intendanten betriebene Ab-
    lösung von ZDF-Chefredakteur Nikolaus Brender, die massive öffentliche
    Kritik auf sich zog, weil sie erkennbar aus rein parteipolitischen Gründen er-
    folgte.

8 Parteien als Organisation

Wenn die Parteien in der Demokratie *das* Bindeglied zwischen Volk und Staat bilden, müssen sie diese Verbindung organisatorisch herstellen und verstetigen. Dies geschieht dadurch, dass sie die Präferenzen derjenigen Bevölkerungsgruppen in Programme und tatsächliches Handeln umsetzen, die sie als Wähler primär erreichen wollen. Die Mobilisierung kann dabei auf zwei Wegen erfolgen. Entweder die Parteien sprechen die Wähler direkt an, oder sie gehen Beziehungen mit anderen intermediären Organisationen ein, die die Mobilisierungsfunktion mit ihnen zusammen übernehmen. Neben Interessenverbänden und sozialen Bewegungen fallen hierunter auch die Mitglieder, die einerseits Teil der gesamten Organisation sind, andererseits innerhalb dieser von den Parteieliten als „Umwelt" betrachtet werden (Poguntke 2000: 26 f.).

An letzteres anknüpfend werden die Parteiorganisationen von der heutigen Forschung üblicherweise in drei Bereiche unterteilt: die von Mitgliedern und Vorfeldorganisationen repräsentierte Basis (*party on the ground*), die aus Führungsgremien und hauptamtlichem Parteiapparat bestehende zentrale Organisation (*party central office*) und der öffentliche Arm der Partei, der sich in Parlamentsfraktionen und Regierungsämtern konzentriert (*party in public office*). Quer zu dieser Aufteilung liegt die Unterscheidung zwischen territorialer und funktionaler Organisation: Die drei Bereiche reproduzieren sich einerseits auf den verschiedenen Ebenen des politischen Systems; andererseits sind sie nach unterschiedlichen Aufgaben- oder Politikfeldern gegliedert, die wiederum sowohl untereinander als auch zwischen den Bereichen vielfältige Überschneidungen aufweisen.

Der Wandel der Parteiorganisationen

Der äußerliche Wandel der Parteiensysteme spiegelt sich im internen Wandel der Parteienorganisation. Ablesbar ist er an den veränderten Beziehungen zwischen Parteiführung, Parteimitgliedern und Wählern, die die veränderten gesellschaftlichen und institutionellen Rahmenbedingungen der Parteiendemokratien reflektieren. Zu nennen sind hier vor allem die Durchsetzung des allgemeinen und gleichen Wahlrechts, der Wandel der sozialen Konfliktstruktur, der Auf- und Ausbau des Wohlfahrtsstaates sowie die Bedeutung der Massenmedien.

Abstrahiert man von der Ungleichzeitigkeit der Demokratisierungsprozesse in einzelnen Ländern, lassen sich in Europa vier Stadien der Parteienentwicklung unterscheiden, die in unterschiedlichen Organisationsmustern Ausdruck finden:

- Elite- oder Kaderparteien bis zum Ende des 19. Jahrhunderts;
- Massen- oder Massenintegrationsparteien von 1880 bis etwa 1960;
- Volks- oder Allerweltsparteien (*catch-all parties*) seit etwa 1945 und
- professionelle Wählerparteien seit den 1980er Jahren.

Die Universalisierung des Wahlrechts begann in den zwanziger Jahren nicht nur die Vorherrschaft des bürgerlichen Lagers zu bedrohen, sie trug auch dazu bei, dass sich dessen Vertreter dem Typus der Massenpartei, wie ihn die deutsche Sozialdemokratie und andere sozialistische Parteien verkörperten, in ihrer Binnenstruktur annäherten. Die Massenpartei war die angemessene Organisationsform der „Außenseiter". Von der Regierungsteilhabe bis auf weiteres ausgeschlossen, suchte die Arbeiterbewegung damit ihre fehlende Basis im Staat durch eine schlagkräftige Organisation innerhalb der Gesellschaft aufzuwiegen. Der Schlüssel zur Macht lag in einer möglichst umfassenden Integration der klassengebundenen Anhängerschaft.

> „Wo sich die alte Kaderpartei auf die Qualität der Anhängerschaft gestützt hatte, verließ sich die neue Partei auf die Quantität der Anhänger: indem sie versuchte, durch viele kleinere Mitgliedsbeiträge zu ersetzen, was ihr an Patronage durch einflussreiche Individuen fehlte; durch organisierte Gruppenstärken und kollektives Handeln zu ersetzen, was ihr an individuellem Einfluss fehlte; und durch eine Parteipresse und andere parteinahe Kommunikationskanäle zu ersetzen, was ihr an Zugang zur kommerziellen Presse fehlte" (Katz/Mair 1995: 10, eigene Übersetzung).

Anzeichen einer Erosion der Massenpartei kündigten sich bereits in den zwanziger Jahren an. Nachdem die Sozialdemokratie das allgemeine und gleiche Wahlrecht erkämpft hatte, sorgte ihr Hineinwachsen in den staatlichen Machtapparat dafür, dass sich der parlamentarische Arm der Partei von der Hauptorganisation allmählich emanzipierte. Ohnehin eine straff geführte Partei, bewegte sich die SPD damit auf das Elite- oder Kadermodell zurück, das die bürgerlichen Parteien demokratisiert, aber nie ganz hinter sich gelassen hatten. Ein wesentlicher Grund dafür lag in der sozialstrukturellen Entwicklung. Da das bürgerliche Lager über einen deutlich geringeren Massenanhang verfügte als die Sozialdemokraten, konnten die rechten Parteien ihre Stimmenanteile nur dadurch aufrechterhalten, dass sie sich bei der Wähleransprache über die Klassenschranken hinwegsetzten. In dem Maße, wie sich ihre eigene Klassenbasis abschwächte, wurden die linken Parteien genötigt, dieses Erfolgsrezept zu übernehmen: Statt ein bestimmtes, abgrenzbares Segment der Bevölkerung fest an sich zu binden, mussten sie ihre Wähler jetzt abholen, wo sie zu finden waren!

Angetrieben wurde der Wandel durch den in den 1950er Jahren rasch expandierenden Wohlfahrtsstaat, der die Bürger auf die Integrationsleistung der Parteien weniger angewiesen machte. Teilhabe an der Regierungsmacht begünstigte das neue Modell, da die Parteien dadurch angehalten wurden, die Interessen auch solcher Bevölkerungsgruppen zu berücksichtigen, die ihnen politisch fernstanden. Schließlich führten die Einführung neuer Kommunikationstechniken und hier vor allem der Siegeszug des Fernsehens dazu, dass die Parteien ihre Wähler vermehrt auf direktem Wege ansprechen konnten. Die Abkehr vom Integrationsmodell bedeutete, dass es für die elektorale Zustimmung künftig weniger auf die soziale Identität einer Partei als auf die von ihr vertretenen politischen Inhalte ankam; die Folgen waren ein verschärfter Wettbewerb der Parteien untereinander und – damit verbunden – eine weitgehende programmatische Angleichung, die im Begriff der „Allerweltsparteien" Ausdruck fand (Kirchheimer 1965).

Ein berechtigter Einwand gegen das von Otto Kirchheimer entwickelte *Catch-All*-Konzept lautet, dass es zwar viele übergreifende Entwicklungstendenzen der Parteiensysteme richtig beschreibe, darüber aber die fortbestehenden Unterschiede zwischen den einzelnen Ländern vernachlässige. Kirchheimer, der als jüdischer Deutscher in die USA emigrieren musste, wurde in seinen Überlegungen von der Wirklichkeit des amerikanischen Parteiensystems beeinflusst, konnten Demokraten und Republikaner doch als Musterbeispiele der „nach-ideologischen" Allerweltsparteien erscheinen. Die von ihm genannten westeuropäischen Fälle entstammten ebenfalls ausnahmslos großen Ländern (Großbritannien, Frankreich, Deutschland und Italien), wohingegen unter den größeren Parteien in kleinen Demokratien kaum Allerweltsparteien anzutreffen seien. Kirchheimers Versuch, diese Unterschiede zu erklären, blendet die Strukturen der politischen Systeme merkwürdigerweise weitgehend aus. Großbritannien und

Frankreich stellen z. B. ausgeprägte Mehrheitsdemokratien dar, wobei in Frankreich die Ausrichtung der Fünften Republik am Amt des Präsidenten die Rolle der Parteien zusätzlich transformiert hat. In Italien muss das *Catch-All*-Phänomen vor dem Hintergrund der hegemonialen Position der *Democrazia Cristiana* gesehen werden, die bis zum Zusammenbruch des Parteiensystems in den 1990er Jahren währte. Und in Deutschland war es vor allem die Diskreditierung der radikalen rechten und linken Ideologien, die den Siegeszug des Volksparteienmodells in den 1950er und 1960er Jahren ermöglichte.

Die Identifizierung von Allerwelts- und (echter) Volkspartei stieß in der deutschen Parteienforschung auf wenig Gegenliebe. Der Unterschied lag darin, dass die Volksparteien einen unverwechselbaren programmatischen „Markenkern" behielten. Für die meisten Autoren stellten sie folglich allenfalls eine Vorstufe des *Catch-All Party*-Modells dar, in der die ideologischen und organisatorischen Merkmale der früheren Massenintegrationsparteien nachwirkten. In der politikwissenschaftlichen „Niedergangsdiskussion" der Volksparteien wurde deshalb nicht (mehr) auf Kirchheimers *Catch-All Party*-Konzept zurückgegriffen, sondern mit neuen Typenbegriffen hantiert. Am meisten Anklang fand der Vorschlag von Angelo Panebianco (1988: 264 f.), der den dominanten Typus der Nach-Volksparteien-Ära als „professionelle Wählerpartei" bezeichnete.

Panebiancos Begriff hat den Vorteil, dass er den Parteienwandel sowohl von der Nachfrage- als auch von der Angebotsseite her erfasst. Die Nachfrageseite betrifft die nachlassende gesellschaftliche Verankerung der Parteien, die sich in einem zunehmend sprunghafteren Wählerverhalten ausdrückt. Die Angebotsseite setzt bei den veränderten Möglichkeiten der politischen Kommunikation an. Begriffe wie „moderne Kaderpartei" (Koole 1996), „Partei der Berufspolitiker" (von Beyme 2001) oder „Medienkommunikationspartei" (Jun 2004) erscheinen demgegenüber als zu verengt, auch wenn sie sich in der inhaltlichen Konkretisierung von Panebianco kaum unterscheiden. Dasselbe gilt für den von Katz und Mair kreierten Begriff der „Kartellpartei", der vor allem auf die Abhängigkeit der Parteiorganisationen von staatlichen Ressourcen abstellt. Zentrale Merkmale der professionellen Wählerpartei sind laut Panebianco:

- die Aufgabenverlagerung von der traditionellen Parteienbürokratie hin zu professionell arbeitenden Spezialisten;
- die Verselbstständigung der einzelnen Organisationsebenen und -bereiche;

- der Vorrang der elektoralen Funktion;
- die direkte Ansprache der Wähler mittels moderner Kommunikationstechniken;
- der Autonomiegewinn der Parteispitze gegenüber den Funktionären und Mitgliedern und – damit verbunden –
- die Herausstellung der gehobenen Funktions- und Mandatsträger im Rahmen einer personalisierten Führungsstruktur.

Ob es sich bei der „professionellen Wählerpartei" tatsächlich um einen neuen Typus handelt oder um eine bloße Fortentwicklung oder Spezifizierung der *Catch-All Party*, wird in der Literatur unterschiedlich eingeschätzt. Vieles spricht dafür, sie weniger als Ablösung denn als Anreicherung des vorangegangenen Modells zu betrachten. Selbst der noch ältere Typus der Massenintegrationspartei ist durch den Wandel nicht gänzlich verschwunden, sondern lebt in den bestehenden Organisationen der Mitgliederpartei fort. Darüber hinaus müssen die länderspezifischen Ursachen beachtet werden. Der zügige Ausbau des Wohlfahrtsstaates und ein korporatistisches System der Interessenvermittlung sorgten dafür, dass sich die Klassenstrukturen in den skandinavischen Ländern schneller überlebten als beispielsweise in Frankreich oder Italien. In den USA war der Organisationswandel demgegenüber primär auf Veränderungen innerhalb des Mediensystems zurückzuführen. Das Wort von der „Amerikanisierung" der Parteien gibt einen Hinweis, dass sich der prägende Einfluss des Fernsehens dort früher entfaltete als in Europa und die Herausbildung einer speziellen Version der *Catch-All Party* beförderte.

Ein anderer Kritikpunkt der Stadientypologie geht dahin, dass sie sich in der Konzentration auf den jeweils vorherrschenden Typus allzu sehr an den großen Parteien ausrichtet. Zu allen Zeiten hat es jedoch Gruppierungen gegeben, die vom vorherrschenden Modell abwichen. Das galt und gilt insbesondere dort, wo soziale und institutionelle Bedingungen die Existenz kleinerer Parteien im Rahmen eines Mehrparteiensystems ermöglichen. Diese haben es im Vergleich zu den großen Parteien insofern leichter, als sie sich in der Wähleransprache auf einen relativ schmalen, dafür aber homogenen Ausschnitt der Bevölkerung beschränken können. Handelt es sich um „zentristische" Parteien, profitieren sie außerdem davon, dass sie häufiger an Regierungen beteiligt werden. Beides findet in der Organisationsform Niederschlag. So zeichnet sich etwa die bundesdeutsche FDP, in der zum Teil noch die Relikte einer Honoratiorenpartei nachwirken, durch ein deutliches Übergewicht der parlamentarischen gegenüber der Hauptorganisation aus. Dies ermöglichte den Liberalen in der Vergangenheit nicht nur ein hohes Maß an strategischer und programmatischer Flexibilität, sondern immunisierte sie auch gegen den Versuch einer populistischen Öffnung, der Ende der 1990er Jahre von ihrem stellvertretenden Vorsitzenden Möllemann betrieben wurde.

Die in den 1970er und 1980er Jahren entstandenen grünen Parteien verkörpern wiederum einen Typus, der von der straffen Organisationsform der Kader- und Massenparteien bewusst Abstand nehmen wollte und anstelle dessen eine Bewegungs- oder Rahmenstruktur setzte. Ob davon Ausstrahlungseffekte auf die großen Parteien ausgegangen sind, lässt sich nur schwer abschätzen. Verglichen mit der Organisation der alteingesessenen Großparteien wirkten die Grünen zwar in vielerlei Hinsicht beweglicher und somit auch moderner. Über ihre Professionalität besagte das allerdings nicht viel, da diese zugleich von personellen Ressourcen – Pragmatismus, administrative Führungsfähigkeit, Fachkompetenz usw. – abhing, die sich die Partei erst aneignen musste.

Auch unter strukturellen Gesichtspunkten hat das beweglichere Modell seine Schattenseiten. Von Beymes (2001: 327) Diktum über die bundesdeutschen Grünen, wonach „die Betroffenheitsrituale einer bewegungsnahen Partei [...] nicht leicht kompatibel [sind] mit der Gewährung von Autonomie an professionelle Politiker", trifft genauso auf die Vertreter des neuen Rechtspopulismus zu. Der Anpassungsbedarf weist bei beiden allerdings in gegensätzliche Richtungen: Während die Grünen sich von der Priorität des innerparteilichen Demokratisierungsziels – ausgedrückt etwa durch Rotation, Ämterbegrenzung oder Quotenregelungen – lösen mussten, um ihre Politikfähigkeit zu beweisen, liegt das strukturelle Problem der Rechtsparteien gerade in der Abwesenheit oder im Versagen der innerparteilichen Demokratie. Dies setzt sie der ständigen Gefahr aus, durch interne Führungskämpfe zerrieben zu werden.

Als „lernende Organisationen" stehen die neuen und alten Parteien mithin vor unterschiedlichen Herausforderungen. Für die Newcomer erweist sich die Modernisierung in erster Linie als ein „rückwärtsgewandtes" Problem. Damit die Organisation funktioniert, müssen sie die darin eingeflossenen Erfahrungen gleichsam nachholend verinnerlichen. Bei den alteingesessenen Vertretern richtet sich der Blick demgegenüber nach vorne. Sie müssen ihre Organisation an die veränderten Bedingungen des Wählerwettbewerbs anpassen. Dies stellt vor allem für die großen Parteien eine immense Herausforderung dar, die ihre Mehrheitsfähigkeit ja nur dann aufrecht erhalten oder zurückgewinnen können, wenn es ihnen gelingt, verschiedene Bevölkerungsteile zu einer möglichst umfassenden Wählerkoalition zusammenzuschmieden. Je mehr diese in ihren Interessen und Werteinstellungen auseinanderfallen, desto größere Schwierigkeiten ergeben sich in der Strategiewahl und Zielgruppenansprache.

Parteimitglieder und innerparteiliche Demokratie

Im Mittelpunkt der aktuellen Diskussion steht dabei die Rolle der Mitgliederorganisationen. In der Parteienforschung ist es weithin unbestritten, dass die Mitglieder einer Partei unter Demokratiegesichtspunkten eine unverzichtbare Funktion erfüllen. Als Scharnier zwischen Mandatsträgern und Wählern tragen sie zur Verankerung der Partei in der Gesellschaft und damit zur besseren Integration und Repräsentation der Bevölkerungsinteressen bei. Je enger diese Beziehungen geknüpft werden, um so glaubwürdiger ist der Legitimationsanspruch, den die Parteien für sich und die Parteiendemokratie insgesamt erheben. Auch das verfassungsrechtlich festgeschriebene Gebot der innerparteilichen Demokratie würde ohne einen Mindestbestand an Parteimitgliedern ins Leere laufen.

Unterschiedliche Ansichten gibt es darüber, ob die Mitglieder dieser Rolle in der Praxis noch gerecht werden und welchen Nutzen sie für die Parteien in organisatorischer Hinsicht erbringen. Die These vom Funktionsverlust oder gar Niedergang der Mitgliederpartei stellt darauf ab, dass die Parteien infolge ihrer Etatisierung von den finanziellen Leistungen der Mitglieder immer unabhängiger geworden seien. Zudem hätten die Mitglieder ihre einstige Bedeutung in der Wahlkampfkommunikation eingebüßt, die heute primär von den Medien wahrgenommen werde. Daraus den Schluss zu ziehen, die Mitglieder seien gänzlich entbehrlich und die Mitgliederpartei folglich ein Auslaufmodell, scheint indessen übertrieben. Ein nüchterner Blick auf die Fakten belegt eher das Gegenteil. Nicht nur, dass die Mitglieder — wie gesehen — eine äußerst wichtige Finanzquelle bleiben, auch bei der Wählerwerbung sind ihre Dienste letztlich unverzichtbar.

„Neben dem Medienwahlkampf kommen weiterhin alle Register des modernen Straßenwahlkampfs zum Zuge, die ohne den Einsatz freiwilliger Helfer nicht umgesetzt werden können. Zudem kann nach jüngeren amerikanischen und englischen Untersuchungen von einer Renaissance der lokalen Wahlkreiskampagne gesprochen werden, bei der freiwillige Parteiaktive eine Schlüsselstellung einnehmen. Beim organisatorischen Nut-

zen von Parteimitgliedern muss obendrein bedacht werden, dass sie über ihre soziale Einbettung in die Lebenswelt der Menschen eine unmittelbare und dauerhafte Beziehung zur Wählerumwelt herstellen. Diese direktdemokratische Botschafter- und Multiplikatorenrolle von Parteimitgliedern kann durch indirekte Medienkommunikation nicht ersetzt werden" (Wiesendahl 2006: 110 f.).

Dasselbe gilt für die innerparteiliche Demokratie. Das von Michels formulierte „eherne Gesetz der Oligarchie" wurde von der Parteienforschung oft missinterpretiert, so als ob es eine Kontrolle der Parteiführung von unten nie gegeben hätte. Tatsächlich war deren Rückkoppelung an Mitglieder und Wähler in den angeblich bürokratisierten Massenparteien stärker ausgeprägt als in der nachfolgenden Ära der Volksparteien, in der die Verselbstständigungstendenzen der „politischen Klasse" deutlicher hervortraten. Die den Volksparteien nachgefolgten Wählerparteien müssen mit einer geringeren Zahl von Mitgliedern auskommen als diese, behalten aber die vierstufige Hierarchie der Parteiorganisation bei. Diese besteht aus den Führungsgremien, den Funktionären/Parteitagsdelegierten, den Parteiaktiven sowie den passiven Mitgliedern. Parteiführungen tendieren gelegentlich dazu, ihren Handlungsspielraum gegenüber der mittleren Funktionärsebene durch direkte Ansprache oder förmliche Einbeziehung der mehrheitlich nicht aktiven Mitglieder zu verbreitern. Dies funktioniert aber nur für den Fall, dass deren Präferenzen von den Präferenzen der Funktionäre und Aktivisten abweichen. Stimmen sie überein, wäre die Führung schlecht beraten, sich über die Parteibasis einfach hinwegzusetzen (Raschke/Tils 2007: 536 f.).

Gewiss ist es für die Parteispitze lästig, wenn sie in ihrer strategischen Manövrierfähigkeit durch aufmüpfige Mitglieder eingeschränkt wird. Ob dies aus elektoraler Sicht immer schaden muss, ist jedoch nicht ausgemacht. Entfernt sich die Führung zu sehr von der Basis, könnten sich ja auch die Wähler von der Partei abwenden. Die Mitglieder erfüllen insofern eine wichtige Korrektivfunktion. Indem sie die Führung anhalten, ihre Entscheidungen sorgfältig zu begründen und in die Partei hinein zu vermitteln, leisten sie einen Beitrag zur Pflege der eigenen Klientel. Dass deren Mobilisierbarkeit für den Wahlausgang genauso große – vielleicht sogar größere – Bedeutung gewinnen kann wie die Ansprache der parteipolitisch nicht festgelegten Wechselwähler, haben die einst so erfolgsverwöhnten Volksparteien in den letzten Jahren und Jahrzehnten schmerzlich erfahren. Je nach Ausgangslage und Verlauf des Wahlkampfes empfehlen sich deshalb unterschiedliche Strategien. Sind die eigenen

Anhänger schon weitgehend überzeugt, könnten die Parteien versuchen, durch einen möglichst unideologischen Wahlkampf mit Hilfe der Medien zusätzliche Wähler aus dem gegnerischen Lager und dem Lager der Unentschiedenen zu gewinnen. Bleiben die eigenen Anhänger dagegen distanziert, muss der Wahlkampf zunächst auf deren Mobilisierung abzielen. Hier empfehlen sich eine stärkere Ideologisierung und der Einsatz der Mitglieder als Kommunikatoren.

Andererseits kann sich die Korrektivfunktion aber auch ins Negative verkehren, nämlich dann, wenn die Parteiführung ihre strategische Ausrichtung ängstlich allein am vermeintlichen Willen der Parteimitglieder vornimmt und die Partei damit für andere Wählergruppen und potenzielle Unterstützer unattraktiv wird. So steht z. B. in der SPD die Mehrheit der in den 1970er Jahren in Massen eingetretenen Mitglieder, die sich mentalitätsmäßig am Status quo einer verklärten alten Bundesrepublik orientiert, einem offensiven Aufbruch ihrer Partei nach vorn im Wege. Einer progressiven sozialdemokratischen Lebenschancenpolitik, wie sie das im Hamburger Grundsatzprogramm beschriebene Leitbild des „vorsorgenden Sozialstaats" verheißt, können diese Traditionskohorten wenig abgewinnen, obwohl sie der Partei in bestimmten, parteipolitisch noch nicht festgelegten Bevölkerungssegmenten beträchtliche Wahlchancen eröffnen würde. Ähnliches gilt für die CDU. Diese hatte unter Führung Angela Merkels auf dem Leipziger Parteitag im Jahr 2003 den Einstieg in ein Gesundheits-Prämienmodell sowie ein vereinfachtes Einkommensteuersystem beschlossen. Den ausbleibenden Widerstand gegen die Neuausrichtung interpretierte die Parteispitze zu Unrecht als Zustimmung der Parteibasis. Im Bundestagswahlkampf 2005 setzte die CDU-Führung dann voll auf diesen Reformkurs und glaubte, auf Mobilisierungsangebote für die eigene Mitgliederschaft ganz verzichten zu können. Am Ende gewann die Union die Bundestagswahl nur mit einem hauchdünnen Vorsprung vor der SPD und erzielte ihr schlechtestes Wahlergebnis seit 1949. Hieraus hat die Kanzlerin und Parteivorsitzende gelernt – und verfällt nun in das andere Extrem: Seit ihrem Amtsantritt ist Merkel tunlichst darauf bedacht, die eigene Klientel nicht mit mutigen Reformschritten zu verprellen.

Wenn diese Feststellungen stimmen, dann muss auch die verbreitete Rede von einer „Amerikanisierung" der Wahlkämpfe korrigiert werden. Zwar gibt es eine Hinwendung zu Stilmitteln und -techniken jenseits des konventionellen Organisationswahlkampfes, die von einer stärker personen- und imagefixierten Wähleransprache über den Einsatz externer Wahlkampfberater bis hin zum strategischen Zielgruppenmarketing reichen. Einem spezifischen Rückgriff auf US-amerikanische Vorbilder und Erfahrungen entspringen die „postmodernen" Wahlkämpfe jedoch nicht, wenn man von einzelnen Elementen wie dem vor der Bundestagswahl 2002 erstmals abgehaltenen, an sich systemfremden Fernsehduell der beiden Spitzenkandidaten einmal absieht (das in seiner Wirkung prompt überschätzt wurde). Vielmehr handelt es sich um generelle Erscheinungen einer medieninduzierten Modernisierung und Professionalisierung der Wahlkampagnen, wie sie in allen westlichen Demokratien heute in ähnlicher Form anzutreffen sind.

So wie in den meisten europäischen Staaten ist die Zahl der Parteimitglieder in der Bundesrepublik seit den 1980er Jahren stark gesunken. Besaßen 1983 fast zwei Millionen Bundesbürger ein Parteibuch (entsprechend einer Quote von 4,1 % der Wahlberechtigten), waren es 2010 noch knapp 1,4 Millionen – die Quote hatte sich damit auf 2,2 % nahezu halbiert. Die von der DDR geerbten Mitgliederbestände der SED/PDS, Ost-CDU und LDPD führten nach der deutschen Einheit zu einem Allzeithoch, das aber nur kurz währte und durch massenhafte Austritte rasch abgebaut wurde. Betrachtet man die Entwicklung der Mitgliederzahlen seit Mitte der 1990er Jahre, sind von den Verlusten ausschließlich die beiden großen Parteien betroffen (und von der Union wiederum nur die CDU); die kleinen Parteien konnten ihre jeweiligen Bestände halten oder leicht steigern. Bezogen auf die Zahl ihrer Wähler weisen FDP, Grüne und Linke dabei immer noch einen deutlich niedrigeren Organisationsgrad auf als CDU und SPD; über die im Verhältnis zur Wählerschaft meisten Mitglieder verfügt die CSU.

Aufschlussreich ist ein Vergleich zwischen den alten und neuen Ländern. Der Organisationsgrad ist in der früheren DDR nicht einmal halb so groß wie in der Altbundesrepublik, was dem Trend zu mitgliederlosen Parteien in den postkommunistischen Staaten Mittelosteuropas entspricht. Besonders eklatant fällt das Defizit bei der SPD aus, die – bedingt durch ihren Startnachteil nach der Wende – im Osten über eine fünf Mal geringere Mitgliederdichte verfügt als im Westen. Mit Blick auf die Wähleransprache muss dies nicht automatisch ein Problem sein, wenn man ein überzeugendes personelles oder programmatisches Angebot unterbreitet. Auch hier sind die Voraussetzungen aber erschwert, da es der Partei oftmals bereits an Kandidaten mangelt, um Vorstandsposten oder kommunale Wahlämter zu besetzen. Wie gravierend sich die Organisationsschwäche auswirkt, wenn es darum geht, Wähler gegen die Verführungen populistischer oder extremistischer Protestparteien zu schützen, hat sich bei

Abb. 12: Mitgliederzahlen der Bundestagsparteien seit 1981

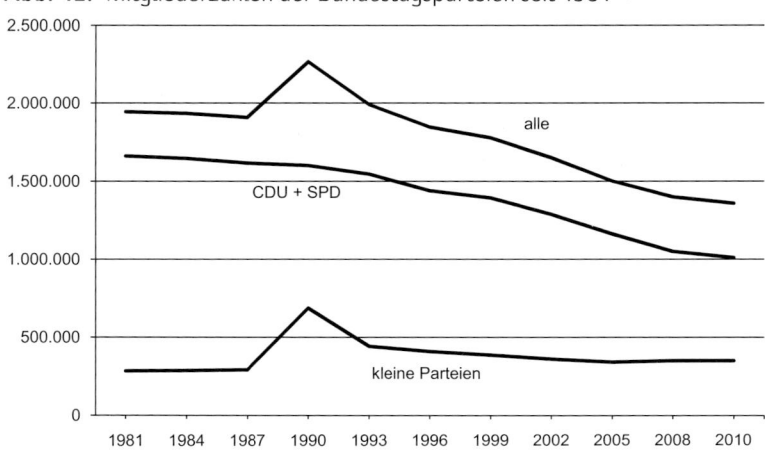

(Quelle: eigene Berechnungen nach Angaben der jeweiligen Geschäftsstellen. Unter die kleinen Parteien fallen CSU, FDP, Grüne und PDS bzw. Linke)

einigen der zurückliegenden Landtagswahlen gezeigt (etwa in Mecklenburg-Vorpommern), wo die SPD und CDU der rechtsextremen NPD in bestimmten Regionen nicht einmal mehr ihre schiere Präsenz entgegensetzen konnten. Da nutzt es auch nichts, dass der Anteil der Aktivisten unter den Mitgliedern in den ostdeutschen Parteigliederungen sehr viel höher liegt als in den westdeutschen, was sich zugleich in der Häufigkeit der Ein- und Austritte niederschlägt.

Um der weiteren Austrocknung der Mitgliederbasis – im Osten wie im Westen – entgegenzuwirken, erscheint eine Reform der Organisationsstrukturen unabweisbar. Bezogen auf die beiden Noch-Volksparteien liegt die Herausforderung dabei weniger im Rückgang der Mitgliederzahl an sich, als in der damit einhergehenden Überalterung: Annähernd die Hälfte der SPD- und CDU-Mitglieder sind heute über 60 Jahre alt! Dass die Mitgliedschaft in einer politischen Partei für junge Menschen kaum noch attraktiv ist, kann jeder nachvollziehen, der die Erfahrung der Mitarbeit in einem Ortsverein einmal gemacht hat. So überholt das Delegiertensystem und die dem aufstrebenden Parteimitglied abverlangte „Ochsentour" sein mögen, so schwer dürfte es den Parteien allerdings fallen, die unterschiedlichen, sich zum Teil widersprechenden Ziele einer Reform zu verbinden. Die Öffnung der Parteien für Nicht-Mitglieder, die ein Mittel sein könnte, um Quer- und Seiteneinsteiger zu rekrutieren, bedeutet z. B., dass die Mitgliedschaft selbst an Wert verliert. Ähnliche Probleme birgt die regelmäßig erhobene Forderung nach mehr Basisdemokratie (Einführung von Urwahlen und Mitgliederentscheiden). Sie würde zu Lasten der mittleren Funktionärsebene gehen, die die Personal- und Sachentscheidungen auf den Parteitagen bislang unter sich ausmachen konnte (s. u.). Vor diesem Hintergrund ist es nicht überraschend, dass die von Union und SPD seit den 1990er Jahren unternommenen Reformbemühungen schon im Ansatz stecken blieben (Niclauß 2002: 215 ff.).

9 Parteienwettbewerb als politisches Systemmerkmal

Um den Kreis der Darstellung zu schließen, müssen wir auf das zentrale Moment und Schlüsselproblem der Parteiendemokratie zurückkommen: den Parteienwettbewerb. Wir haben gesehen, dass die Strukturen des Parteiensystems die Wettbewerbsbeziehungen zwischen den Parteien prägen, die wiederum für die Regierungskonstellationen maßgeblich sind. Je größer die Zahl der effektiven Parteien und je mehr dieser Parteien untereinander koalitionsfähig sind, umso größer ist die Zahl der möglichen Koalitionen und Regierungsformate. Ob diese Möglichkeiten tatsächlich ausgeschöpft werden, ist eine andere Frage. Eine starke Fragmentierung des Parteiensystems begünstigt das Zustandekommen zentristischer Regierungen, bei denen die Koalitionspartner häufig dieselben bleiben, das heißt nach Wahlen nur ein partieller Wechsel stattfindet. Das Prinzip der alternierenden Regierung wird in solchen Systemen durchbrochen. Anstelle von Konfrontation und Gegnerschaft tritt die Suche nach Übereinstimmung. In der Politikwissenschaft bezeichnet man diese Form des „einbeziehenden" Wettbewerbs als Konkordanz. Beispiele sind die Parteiensysteme der Niederlande oder Belgiens.

Schwieriger ist der Einfluss der Polarisierung auf die Wettbewerbsstruktur zu bestimmen. Probleme ergeben sich hier einerseits bei der empirischen Messung, zum anderen stellt sich die Frage, was Polarisierung genau meint (s. o.). Ein grundlegender Unterschied besteht zwischen gesellschaftlicher und ideologischer Polarisierung. Gesellschaftliche Polarisierung liegt vor, wenn in einem Land ethnische, sprachliche oder sonstige kulturelle Minderheiten vorhanden sind, die im politischen System repräsentiert werden wollen. Ideologische Polarisierung bezieht sich auf die weltanschaulichen und politikinhaltlichen Differenzen zwischen den Parteien. Wie wir bei der Erörterung der *Cleavage*-Theorie gesehen haben, wurzeln diese ebenfalls in gesellschaftlichen Strukturen und Gruppenzugehörigkeiten. Sie weisen aber eine größere Kontingenz auf als die Minderheitenkonflikte, weil sie sich mit Themen verbinden, die in jeder Gesellschaft zum Gegenstand der politischen Auseinandersetzung gemacht werden. Sozialökonomische Verteilungsfragen fallen darunter ebenso wie Wertfragen.

Während die ideologisch-politikinhaltlichen Konflikte einer Mehrheitsentscheidung zugänglich bleiben und damit konfrontativ ausgetragen werden können, besteht in Gesellschaften mit sozialstrukturell abgrenzbaren Minderheiten eine starke Affinität zur Konkordanz. Das gegnerschaftliche Prinzip kommt in solchen Fällen für den Konfliktaustrag nicht in Frage. Es wird ersetzt durch ein vertrauensvolles Zusammenwirken der Parteieliten in förmlichen oder informellen Koalitionen, die eine möglichst große Bandbreite der Gruppen und Interessen integrieren. Dies schließt nicht aus (und setzt in gewisser Hinsicht sogar voraus), dass die Gruppen an der gesellschaftlichen Basis voneinander abgeschottet sind. Standen in der Vergangenheit die Niederlande oder Österreich für eine solche Säulen- bzw. Lagerstruktur, so ist das Konkordanzsystem in annähernder Reinform heute nur noch in der Schweiz anzutreffen. Hier wird der Wettbewerb durch die immerwährende Proporzregierung auf der parlamentarischen Ebene praktisch ausgeschaltet, was in Verbindung mit der quasi-präsidentiellen Regierungsform des Landes[15] dazu führt, dass den Wahlen nur eine untergeordnete Rolle zukommt. Aufgefangen wird dieser Makel durch die Institutionen der direkten Demokratie. Weil dem Volk das letzte Wort über die Gesetze zusteht, sind Regierung und Parlament klug beraten, etwaige Widerstände durch eine umfassende Interessenberücksichtigung schon vorab auszuräumen. Volksrechte und Konkordanz bilden in der Schweiz deshalb Seiten derselben Medaille.

Bedingt durch den Aufstieg der rechtspopulistischen SVP hat die Polarisierung in der Schweizer Politik in den letzten zwei Jahrzehnten deutlich zugenommen. Obwohl das Proporzsystem dadurch stärker unter Druck geriet, konnte es seine prinzipielle Funktionsfähigkeit aufrechterhalten. Dies lag auch daran, dass ein wesentliches Element der kulturellen Heterogenität des Landes – das Vorhandensein der verschiedenen Sprachgemeinschaften – von den Veränderungen unberührt blieb. In den Niederlanden und Österreich hatte der gesellschaftliche Wandel dagegen gravierende Folgen. Er führte zu einer weitgehenden Auflösung der kulturellen Säulen oder Lager, ohne dass die darauf aufgebauten institutionellen Konkordanzstrukturen gleichzeitig mit verschwanden. Die politischen

---

15 In der Schweiz wird die Regierung – der Bundesrat – vom Parlament zwar in einer förmlichen Wahl bestellt, kann von diesem allerdings nicht per Misstrauensvotum abberufen werden.

Systeme gerieten dadurch in eine Legitimationskrise, die Rechtspopulisten vom Schlage Haiders oder Fortuyns für sich nutzen konnten. Betrachten wir als nächstes die Parteiensysteme mit starker ideologischer Polarisierung. Ein klassisches Beispiel ist Frankreich. Die einstmals moskautreue Kommunistische Partei hat hier zwar im Laufe der letzten drei Jahrzehnte ihre Bedeutung fast vollständig eingebüßt. Gleichzeitig ist jedoch am rechten Rand des politischen Spektrums mit dem *Front National* eine neue extremistische Kraft aufgestiegen, die sich seit Mitte der 1980er Jahre in einer stabilen Größenordnung von 12 bis 15 % der Stimmen bewegt. Die Verbindung von hoher ideologischer Polarisierung bei gleichzeitig wahlsystembedingt geringer Zahl der effektiven Parteien (auf parlamentarischer Ebene) bedingt in Frankreich einen stark gegnerschaftlichen Parteienwettbewerb. Das Prinzip der alternierenden Regierung wird lediglich durch die semi-präsidentielle Struktur des Regierungssystems modifiziert, in dem der Präsident unter Umständen mit einer ihm nicht gewogenen Regierung zusammenarbeiten muss.

Anders als Frankreich stand Italien über mehrere Jahrzehnte für ein Parteiensystem, in dem starke ideologische Polarisierung und ein hohes Maß an Fragmentierung zusammentrafen. Die notorische Instabilität der Regierungsformate rührte daher, dass es in diesem System keine reale Möglichkeit des Wechsels gab. Die italienische Demokratie war blockiert, weil die Kommunisten, deren Wähleranteil in der Spitze bei über 30 % lag, von der Regierungsmacht unter allen Umständen ausgeschlossen werden sollten. Um dies zu erreichen, musste die *Democrazia Cristiana* (DC) mit den zentristischen Parteien immer wieder neue Mehrheitskoalitionen bilden, die untereinander hoch zerstritten waren. Gelegentlich überließ sie dabei auch mal einem ihrer Partner den Posten des Regierungschefs. Zudem kam die DC nicht umhin, ihren kommunistischen Antipoden zumindest im „vorpolitischen" Bereich an der Macht zu beteiligen, das heißt in das Proporzsystem der *partitocrazia* miteinzubeziehen. Italien stellte damit bis Mitte der 1990er Jahre den Sonderfall eines Konkordanzsystems dar.

Als nach dem Zusammenbruch der kommunistischen Regime in Mittel- und Osteuropa die Geschäftsgrundlage der blockierten Demokratie entfallen war, brach das italienische Parteiensystem wie ein Kartenhaus zusammen. Italien hat sich seither auf die Usancen einer normalen Wettbewerbsdemokratie zubewegt und vier veritable Machtwechsel erlebt (1996, 2001, 2006 und 2008). Die 2001 gewählte Regierung unter Silvio Berlusconi war dabei die erste, der das Kunststück gelang, über die gesamte Strecke der Legislaturperiode zu amtieren. Die Fragmentierung

Abb. 13: Parteienwettbewerb und gesellschaftlich-ideologische Polarisierung

		Parteienwettbewerb	
		gegnerschaftlich	konkordant
gesellschaftlich-ideologische Polarisierung	schwach	Großbritannien Deutschland	Skandinavien
	stark	Frankreich Italien (seit 1994)	Italien (bis 1994) Schweiz Benelux Österreich

und Polarisierung des Parteiensystems blieben aber auch unter den neuen Bedingungen beträchtlich. Unmittelbare Auswirkungen hatte das beim Wahlrecht, das von nun an zu einem kontinuierlichen Streitthema zwischen Regierungs- und Oppositionsparteien wurde.

Blicken wir als letztes auf die Länder, deren Parteiensysteme sich durch eine vergleichsweise schwache gesellschaftliche und ideologische Polarisierung sowie einen geringen Grad an Fragmentierung auszeichnen. Hierzu gehören z. B. Großbritannien und die Bundesrepublik. In beiden Ländern haben die Strukturen des Parteiensystems einen gegnerschaftlich geprägten Parteienwettbewerb hervorgebracht, in dem das Prinzip der alternierenden Regierung vollständig oder annähernd vollständig realisiert wurde. Ob der Anstieg der Fragmentierung in der jüngsten Vergangenheit dieses Prinzip dauerhaft zurückdrängen wird, bleibt abzuwarten. Die neuen Zwänge der Koalitionsbildung, die in der Bundesrepublik 2005 zur Wiederauflage der Großen Koalition und in Großbritannien 2010 zur ersten Koalitionsregierung überhaupt seit Kriegsende geführt haben, könnten in diese Richtung deuten.

Der Gestaltwandel des gegnerschaftlichen Wettbewerbs

Die Verbindung von schwacher gesellschaftlich-ideologischer Polarisierung und starker Gegnerschaft im Parteienwettbewerb klingt auf den ersten Blick widersprüchlich. Sie zwingt uns, die Grundlagen des Wettbewerbs und ihren Wandel in den „gegnerschaftlichen" Systemen etwas genauer zu betrachten. Dabei müssen drei Faktoren analysiert werden, die sich zum Teil bedingen und verstärken, zum Teil gegenläufige Wirkungen erzeugen: die Verankerung der parteipolitischen Konflikte in der Gesellschaft, der Bedeutungswandel der Ideologien und das Ausmaß des sozialen Konsenses.

In der Ära der Massenintegrationsparteien gab es einen Gleichklang von starker gesellschaftlicher Verwurzelung und ideologischer Polarisierung. Die Parteien, die sich parallel zur Demokratisierung des Wahlrechts herausgebildet hatten, waren repräsentativ, indem sie für die Interessen und Wertvorstellungen ganz bestimmter Bevölkerungsgruppen standen. Pflegten sie diese Bindungen, konnten sie sich auf die Unterstützung ihrer natürlichen Anhängerschaft relativ sicher verlassen. Das Verhältnis der Parteien zueinander war insofern zwar konfrontativ; der Wettbewerb zwischen ihnen blieb aber begrenzt, da man ja nicht um dieselben Wählergruppen konkurrierte. Die scharfe ideologische Abgrenzung richtete sich primär nach innen, diente der Mobilisierung des eigenen Lagers.

Mit dem Aufkommen der Volksparteien änderte sich das. Otto Kirchheimer (1965: 27) betrachtete als Kern des neuen Modells das „radikale Beiseiteschieben der ideologischen Komponenten", die nur noch ein Element der Wähleransprache unter vielen seien. Die zur *Catch-All Party* gewandelte Massenintegrationspartei „gibt die Versuche auf, sich die Massen geistig und moralisch einzugliedern, und lenkt ihr Augenmerk in stärkerem Maße auf die Wählerschaft; sie opfert also eine tiefere ideologische Durchdringung für eine weitere Ausstrahlung und einen rascheren Wahlerfolg." Mit der Entideologisierung geht eine Verbreiterung der Wählerbasis einher. Die Allerweltspartei möchte nicht mehr nur die Angehörigen einer bestimmten Klasse oder Konfession adressieren, sondern die ganze Bevölkerung. Dies zwingt sie, Beziehungen zu den verschiedensten Interessenverbänden zu unterhalten, für deren jeweilige Forderungen sie als Sammelstelle und Vermittlungsinstanz fungiert. Daneben vertritt sie auch die Belange der nicht gruppenförmig organisierten bzw. organisierbaren Teile der Bevölkerung, die nur am Wahltag in Erscheinung treten. Dies gibt ihr zugleich die Möglichkeit, extreme Forderungen der organisierten Interessen in Schach zu halten. Als weiterer Indikator der Entideologisierung (den Kirchheimer nicht nennt), könnte man die Koalitionsbeziehungen der Allerweltsparteien anführen, die sich nun auch auf nicht geborene Partner aus dem „anderen" politischen Lager erstrecken.

Als Hauptursache der Entideologisierung machte Kirchheimer die entwickelte Wohlstandsgesellschaft aus. Der hohe Stand der sozialen Sicherheit, der auch die vormals benachteiligten Schichten am wirtschaftlichen Erfolg teilhaben lasse, führe zum einen dazu, dass die sozialistischen Massenparteien ihre Integrationsmission als erfüllt ansehen könnten und systemverändernde Ambitionen von ihnen nicht mehr ausgingen. Anstelle der ideologischen Polarisierung bestehe ein weitreichender politischer und sozialer Konsens. Zum anderen reduziere der Wohlstand das Schutzbedürfnis des einzelnen gegenüber dem Staat. Unter den Bedingungen stetigen wirtschaftlichen Wachstums bereite der soziale Interessenausgleich keine Probleme mehr, funktioniere die Politik nach der Logik eines Positivsummenspiels. Die Allerweltspartei möchte einer Vielzahl von Interessen gleichzeitig gerecht werden. Die besonderen Ansprüche der Bürger träten deshalb im Wählerwettbewerb hinter die Fähigkeit der Parteien und des politischen Führungspersonals, die „allgemeinen Erfordernisse der Zukunft zu erfüllen", zurück. Um möglichst viele Gruppen und Individuen zu erreichen, gestalteten diese ihre Botschaften bewusst vage und verkleideten sie mit einer Rhetorik der nationalen Einheit.

Wie ist die These der Entideologisierung aus heutiger Sicht zu bewerten? In den 1980er Jahren wurde Kirchheimer dafür kritisiert, dass er die bleibenden ideologisch-programmatischen Unterschiede zwischen den großen christlich-konservativen und sozialdemokratischen Parteienfamilien unterschätzt hatte. Diese schlugen sich einerseits im konkreten Regierungshandeln, zum anderen in der jeweiligen Struktur der Wählerschaft nieder. In der Blütezeit der Volksparteien (in den 1960er und 1970er Jahren) waren deren Anhänger – entgegen der Annahme Kirchheimers – geistig und wertemäßig in die Parteien noch weitgehend eingebunden, was einen hohen Anteil an Stammwählern nach sich zog. Die sozialmoralischen Milieus der einstigen Massenintegrationsparteien, aus denen die Volksparteien hervorgingen und in denen sie verankert waren, sollten erst in den 1980er und 1990er Jahren allmählich absterben (Lösche 2010). Die Wettbewerbssituation der Volksparteien wurde dadurch schwieriger. Um das Abschmelzen ihrer Kernmilieus aufzufangen, mussten sie sich für neue Wählerschichten öffnen. Gerade damit liefen sie aber Gefahr, ihre verbliebenen Stammwähler noch mehr zu verprellen (Wiesendahl 1992).

Auch mit Blick auf den Ost-West-Konflikt, der ja nicht nur ein Macht-, sondern zugleich ein ideologischer Systemkonflikt war, mutet Kirchheimers These in der Rückschau befremdlich an. Dessen Virulenz zeigte sich etwa in der Präsenz starker kommunistischer Parteien (vor allem in Italien und Frankreich), während auf der anderen Seite – im Mitte-Rechts-Lager

– eine dezidiert antikommunistische Ausrichtung der christdemokratischen und konservativen Parteien deren Anhängerschaft in hohem Maße integrierte. Dies galt auch für Länder wie die Bundesrepublik, wo es gar keine relevanten kommunistischen Vertreter gab. Hier richtete sich der ideologische Antikommunismus stattdessen gegen die Sozialdemokratie, was in den 1970er Jahren unter anderem zu einer starken Polarisierung in Fragen der Außen- und Deutschlandpolitik führte. Exemplarisch dafür stand die von der CDU/CSU im Bundestagswahlkampf 1976 verwendete Parole „Freiheit oder Sozialismus".

Von einer richtiggehenden Entideologisierung kann also – wenn überhaupt – erst für die Zeit nach dem Zusammenbruch des Kommunismus gesprochen werden, als die Volksparteien – gemessen am Wählererfolg – ihren Zenit bereits überschritten hatten. Der Untergang der Sowjetunion stellte in der Entwicklung der westeuropäischen Parteiensysteme eine gewaltige Zäsur dar. Die Rechten beraubte er ihrer antikommunistischen Klammer, während er auf der Linken die Blütenträume eines sozialistischen oder anders gearteten „dritten" Weges jenseits des Kapitalismus endgültig verfliegen ließ. Gleichzeitig führte der beschleunigte Globalisierungsprozess dazu, dass die demokratisch verfassten Nationalstaaten ihre Fähigkeit, die wirtschaftliche und gesellschaftliche Entwicklung autonom zu gestalten, seit den 1990er Jahren immer mehr einbüßten – was Kirchheimer zu seiner Zeit selbstverständlich nicht voraussehen konnte. Das daraus entstehende Dilemma für die Parteien hat er freilich hellsichtig beschrieben. Diese gleichen sich einerseits in ihrer Programmatik und im tatsächlichen Regierungshandeln an. Andererseits müssen sie den Glauben in der Wählerschaft aufrechterhalten, wonach es einen Unterschied macht, wer regiert.

In einem anderen Teil seiner Analyse hat sich Kirchheimer allerdings fundamental geirrt. Die von ihm angenommene Entideologisierung ging zwar mit einer abnehmenden gesellschaftlichen Verwurzelung der Parteien einher, sie führte aber nicht zu einem Rückgang der sozialen und politischen Konflikte. In der Goldenen Ära des Keynesianismus war es den Volksparteien noch leicht gefallen, ihre jeweiligen Klientelen bei der Stange zu halten. Hohe Wachstumsraten hielten die Arbeitslosigkeit gering und sorgten für einen kontinuierlichen Ausbau des Wohlfahrtsstaates, in dem es für alle Gruppen genügend zu verteilen gab. Die ideologische Konfrontation bestand zwar nach außen hin fort. Hinter der rhetorischen Abgrenzung vollzog sich die Gestaltung der Wirtschafts- und Sozialpolitik jedoch in grundsätzlichem Einvernehmen.

In den 1970er Jahren begann dieser Konsens allmählich zu bröckeln. Wachstumseinbrüche und die zunehmende finanzielle Überbeanspruchung des Staates machten es fortan schwieriger, die Interessenunterschiede innerhalb der Gesellschaft ökonomisch zu überbrücken. Hinzu kam, dass Teile der Gesellschaft – unter dem Einfluss des „postmaterialistischen" Wertewandels – jetzt auch grundsätzliche Zweifel am Wachstumsparadigma hegten. Die Volksparteien sahen sich durch diese Entwicklung zusehends überfordert, die ihnen programmatisch einen immer breiteren Spagat abverlangte. Die Logik der Stimmenmaximierung führte dazu, dass sie die wachsenden Ausgaben mit Schulden finanzierten, statt den Wählern die gebotenen Kürzungen zuzumuten. Gleichzeitig wollten sie die Negativfolgen des wirtschaftlichen Wachstums bekämpfen, ohne die Grundlagen des Wachstums selbst zu gefährden. Die Probleme wurden durch ihre Politik folglich nur verschoben bzw. noch vergrößert, sodass sie sich in den 1990er Jahren umso geballter entluden. Nachdem die Globalisierung der Finanzmärkte die Möglichkeiten einer nachfrageorientierten Vollbeschäftigungspolitik drastisch eingeschränkt hatte, musste der Sozialstaat nun mit harten Einschnitten auf der Angebotsseite saniert werden, die in vorhandene Besitzstände eingriffen. Der soziale Konsens, der den Erfolg des *Catch-All*-Modells begründet hatte, sollte darüber zerbrechen.

Parallel zur neuen Brisanz der Verteilungskonflikte bzw. diesen vorausgehend kam es auch in kultureller Hinsicht zu einer verstärkten Polarisierung.[16] Die Säkularisierung führte nicht, wie Kirchheimer noch annehmen musste, zu einer Entschärfung der gesellschaftlichen Konflikte. Anstelle des bis dahin dominierenden religiösen bzw. konfessionellen *Cleavages* trat eine neue Pluralität von kulturellen Orientierungen und Lebensstilen, in der libertäre und autoritäre Werthaltungen die jeweiligen Pole bildeten. Aus diesem Gegensatz gingen ab den 1970er Jahren im linken Spektrum die grünen und ab den 1980er Jahren im rechten Spektrum die neuen rechtspopulistischen Parteien hervor. In vielen euro-

---

16 Am nachhaltigsten machte sich dies in den USA bemerkbar, wo das Parteiensystem entlang der soziokulturellen Konfliktlinie heute tief gespalten ist. Entgegen dem europäischen Trend haben sich die Bindungen der Wähler an die Parteien hier sogar verstärkt. Die Ideologisierung hat dabei insbesondere die Republikanische Partei vom *Catch-All*-Modell weit entfernt, das sie zusammen mit den Demokraten früher prototypisch verkörperte.

päischen Ländern entstanden überdies regionalistische Parteien, die zugleich eine Reaktion auf den Bedeutungsverlust des Nationalstaates darstellten (s. o.).

Der Wandel der alten und das Hinzutreten neuer *Cleavages* hat die zentrale Voraussetzung für den Erfolg des *Catch-All Party*-Modells beseitigt. Wo die großen Parteien diesem Modell folgten – in Großbritannien, Frankreich und Deutschland[17] – haben sie ihre Machtstellung im politischen System zwar weitgehend bewahrt. Dies verdankte und verdankt sich jedoch in erster Linie institutionellen Faktoren (wie dem Wahlrecht oder der staatlichen Parteienfinanzierung), die über die nachlassende Wählerunterstützung nicht hinwegtäuschen können. Den von Kirchheimer (1965: 31) formulierten Anspruch, „den größtmöglichen Anteil der potenziellen Wählerschaft zu erfassen", erfüllen die Volksparteien der rechten und linken politischen Mitte längst nicht mehr. Einerseits fällt es ihnen immer schwerer, in der Konkurrenz mit kleineren Interessenparteien zu bestehen, die sich in der Wähleransprache bewusst auf ein schmaleres, dafür aber strukturell homogeneres Klientel beschränken. Andererseits verlieren sie die Fähigkeit – und zum Teil auch den Willen – die vom Modernisierungsprozess abgekoppelten randständigen Bevölkerungsgruppen zu repräsentieren. Diese stellen heute die wichtigste Wählerreserve der rechts- und linkspopulistischen Protestparteien dar.

Die Auflösung der Milieus, das Schwinden der einstmals identitätsstiftenden weltanschaulichen Gegensätze und die wachsenden Anforderungen an das Regieren haben die Bedingungen des Parteienwettbewerbs nachhaltig verändert. Die Parteien müssen heute um eine zunehmend wechselbereiter werdende Wählerschaft buhlen, die sich bei der Stimmabgabe nicht mehr an ideologische oder soziologische Gewissheiten gebunden fühlt. Aus der Sicht der „Nachfrager" mag diese Entwicklung zu begrüßen sein, bedeutet sie doch, dass die Wähler tatsächlich „wählen". Zu einer solchen Wahl sind sie aber erst in der Lage, wenn die politischen Anbieter klare Alternativen bereithalten:

---

17 In Italien ging die Hegemonialpartei *Democrazia Cristiana* mit dem Totalzusammenbruch des Parteiensystems unter. An ihre Stelle trat die 1994 von Silvio Berlusconi aus der Taufe gehobene Sammlungsbewegung *Forza Italia*, die als Unternehmer- und Persönlichkeitspartei zugleich einen neuartigen Parteientypus repräsentierte.

„Eine gut funktionierende Demokratie braucht den Zusammenstoß legitimer demokratischer Positionen – genau darum muss es bei der Konfrontation zwischen rechts und links gehen. Diese sollte kollektive Formen der Identifikation ermöglichen, die stark genug sind, politische Leidenschaften zu mobilisieren. Wenn die Konfiguration der Gegnerschaft fehlt, haben die Leidenschaften kein demokratisches Ventil, und die agonistische Dynamik des Pluralismus wird behindert. Die demokratische Konfrontation droht ersetzt zu werden: Zur Konfrontation kommt es dann entweder zwischen essentialistischen Formen von Identifikation oder zwischen nicht verhandelbaren moralischen Werten. Wenn die politischen Grenzen verwischt werden, entsteht Unzufriedenheit mit den politischen Parteien, und es erstarken andere Formen kollektiver Identitäten – etwa im Bereich nationalistischer, religiöser oder ethnischer Identifikationsformen – Antagonismen äußern sich auf verschiedenste Weise, und es ist illusorisch zu glauben, sie könnten je aus der Welt geschafft werden. Daher muss ihnen in Gestalt des pluralistischen demokratischen Systems unbedingt eine agonistische Ausdrucksform gegeben werden." (Mouffe 2007: 42 f.)

Chantal Mouffe führt die Krise des Parteienwettbewerbs auf die Hegemonie des Neoliberalismus zurück, die nach dem Zusammenbruch des Sowjetkommunismus auch die Linke erfasst habe. Die These, wonach der soziale Konsens in der Nach-Volksparteien-Ära zerbrochen sei, steht dazu nicht in Widerspruch. Sie wird gerade dadurch belegt, dass wachsende Teile der Gesellschaft aus dem Modernisierungskonsens herausfallen, den der politische Mainstream angeblich vertritt. Über die Bewertung ist man sich dabei uneins. Die einen weisen darauf hin, dass die reduzierten Handlungsspielräume der nationalen Politik die Parteien heute nötigten, mehr oder weniger dieselben Ziele zu verfolgen und Lösungen anzubieten, wenn sie gegenüber der Konkurrenz bestehen wollten. Die anderen (wie Mouffe) halten dafür, dass eine Alternative zur neoliberalen Ordnung des gegenwärtigen Kapitalismus sehr wohl möglich sei. Beide Behauptungen sind in dieser Zuspitzung verfehlt. So wenig die Politik den Handlungszwängen entfliehen kann, die von der globalisierten Wirtschaft ausgehen, so viele Handlungsalternativen verbleiben ihr bei der Gestaltung einer wohlstandssichernden, sozial gerechten und ökologisch zukunftsfähigen Gesellschaft. Es herrscht also kein Mangel an potenziellen Streitthemen. Nur lassen sich diese im Rahmen des Parteienwettbewerbs immer schwerer abbilden. Zum einen bestehen die Unterschiede zwischen den Parteien weniger in den grundsätzlichen Konzepten als in den Techniken der Problemlösung. Deren Details sind aber in der Regel so kompliziert, dass ihre Darstellung das Wählerpublikum im Zweifel überfordern – oder langweilen – würde. Zum anderen finden die Konflikte vermehrt in die Parteien selbst statt, wo beharrende und veränderungswillige Kräfte gegeneinander stehen. Nach Ansicht des Berliner Politikberaters Tobias Dürr (2005: 35 f.) hat die Trennlinie zwischen „Traditionalisten" und „Modernisierern" die klassischen Gegensätze von Markt versus Staat oder libertäre versus autoritäre Werthaltungen im deutschen Parteiensystem längst überlagert. Dies gelte sogar für

> „den Anhang der in vieler Hinsicht völlig zu Unrecht als besonders bewegungsfreudig geltenden FDP. Einzig die um dieselben sozial marginalisierten Wählergruppen konkurrierenden Parteien NPD, DVU und ‚Linkspartei' lassen sich – unbeschadet unterschiedlicher ideologischer Wurzeln – eindeutig als reine ‚Parteien der Beharrung' charakterisieren: In ihrem gemeinsamen Populismus und Protektionismus eint sie de facto weitaus mehr, als sie voneinander trennt."

Die Antwort der Parteien auf beide Probleme besteht darin, in der Wähleransprache auf Personalisierung und Inszenierung auszuweichen. Der Wettbewerb wird „entpolitisiert"; anstelle der komplexen Sachinhalte treten Image-Politiken, symbolische Handlungen und eine Rhetorik, die sich der Parteilichkeit bewusst entkleidet, indem sie das Volk zum zentralen Bezugspunkt macht (Jun 2006). Die Versuchungen, die eine solche Strategie heraufbeschwört, liegen auf der Hand. Denn hier beginnt zugleich das Reich der Verführung, wo man unhaltbare Versprechungen macht, eine in Wahrheit längst verloren gegangene Handlungsmacht vortäuscht oder sich in Stimmungsmache übt. Je weniger die Nach-Volksparteien in ihren Grundwerten[18] und inhaltlichen Positionen noch unterscheidbar sind, desto stärker tendieren sie dazu, solche Unterschiede künstlich zu erzeugen und aufzublähen.

Der Gestaltwandel des Parteienwettbewerbs hat zur Folge, dass sich die öffentliche Darstellung der Entscheidungen von deren tatsächlichem Inhalt und Zustandekommen ablöst. Margaret Canovan (2002: 25) hat dies einmal als „demokratisches Paradoxon" der heutigen Politik bezeich-

---

18 In einer 2006 gehaltenen Grundsatzrede identifizierte die CDU-Vorsitzende und Bundeskanzlerin Angela Merkel „Freiheit, Gleichheit und Solidarität" als gleichrangige Grundwerte der CDU, „die im Übrigen auch für die Sozialdemokratische Partei gelten." Den von ihrer Partei früher betonten Vorrang der Freiheit mochte sie nicht mehr aufrechterhalten. Der SPD-Vorsitzende Kurt Beck gratulierte Merkel daraufhin ironisch zu ihren „guten Einsichten".

net. Je komplizierter und undurchschaubarer für das Publikum die realen Entscheidungsprozesse werden, umso mehr wächst bei den Wählern das Bedürfnis nach Eingängigkeit und Transparenz. Durch die Hinwendung zum Populismus versuchen die politischen Akteure diesem Bedürfnis zu entsprechen. Im günstigsten Fall führt das dazu, dass ihnen die Wähler weiter vertrauen. Im schlechtesten Fall gleitet ihre Ansprache in Gefälligkeitspolitik ab oder produziert Erwartungen, die später zwangsläufig enttäuscht werden.

Maßgeblich vorangetrieben wird der Wandel von den Medien, die eine natürliche Affinität zur populistischen „Darstellungspolitik" entwickeln. Symptomatisch dafür steht die Verlagerung der öffentlichen Debatte aus den politischen Institutionen in eigene Medienformate: Parlamente und Parteitage werden durch Talkshows ersetzt, die die politischen Kontroversen publikumswirksam inszenieren und zugleich eine wichtige Rolle beim Agenda-setting einnehmen. Ob man mit Thomas Meyer (2001) in diesem Zusammenhang bereits von einer „Kolonialisierung der Politik durch das Mediensystem" sprechen mag, sei dahingestellt. In der Wettbewerbsdemokratie bleiben beide Seiten jedenfalls eng aufeinander angewiesen. Dass die Medien in dieser Symbiose häufig am längeren Hebel sitzen, liegt an ihrer grundsätzlich gegnerschaftlichen Haltung gegenüber der politischen Klasse.[19] Die Journalisten betreiben insofern ein doppeltes, fast zynisch zu nennendes Spiel. Durch ihre Neigung zur Personalisierung und Dramatisierung drehen sie einerseits kräftig mit an der Spirale der Erwartungen und bestärken den Allmachtsmythos der Politik, den diese selbst glaubt vor der Wählerschaft erzeugen zu müssen. Auf der anderen Seite stellen sie Politiker und Parteien an den Pranger, wenn die Erwartungen nicht in Erfüllung gehen oder sich als unhaltbar erweisen.

Auf dem Weg zu Kartellparteien?

Vor dem Hintergrund der beschriebenen Entwicklungen ist die von Katz und Mair (1995) aufgestellte Kartellparteienthese deutlich zu relativieren. Der aus den Wirtschaftswissenschaften geläufige Begriff des Kartells be-

---

19 Über die Gründe dieser Haltung gehen die Meinungen auseinander. Einige Autoren führen sie auf das veränderte Selbstverständnis der heutigen Journalistengeneration zurück, andere betrachten die Kommerzialisierung des Mediensystems als Hauptursache.

zieht sich bekanntlich auf Unternehmensstrukturen oder -verbünde, die den Wettbewerb untereinander ausschalten. Bezogen auf die Regierungssysteme trifft das aber – wie gesehen – inzwischen nicht einmal mehr auf die Konkordanzdemokratien zu, an denen die Erfinder der Kartellpartei ihren Begriff offenbar abgeschaut haben. Diese haben entweder einer stärkeren Wettbewerbsorientierung ihrer Parteiensysteme Platz gemacht. Oder sie verbinden die Kartellstrukturen mit einem Institutionensystem, das den Wettbewerb in anderer Form ermöglicht.

Katz und Mair begründen die Kartellthese damit, dass sich die Parteien mittels der öffentlichen Parteienfinanzierung von den Unbilden der schwankenden Wählerunterstützung unabhängig gemacht hätten. Darüber hinaus würden sie sich durch die einvernehmliche Gestaltung der Wettbewerbsbedingungen – etwa beim Wahlrecht – unerwünschte Konkurrenten vom Leib halten. Belege für ein kollusives (den Wettbewerb ausschaltendes) Verhalten lassen sich in beiden Bereichen finden. Sie beschränken sich freilich auf die institutionellen Eigeninteressen der Parteien, die neben bzw. außerhalb der eigentlichen Wählerkonkurrenz und politikinhaltlichen Auseinandersetzung bestehen. Diesen Teilaspekt der gegenseitigen Beziehungen sollte man nicht verabsolutieren. Das Schweizer Beispiel zeigt zudem, dass Konkordanz und Parteienstaatlichkeit keineswegs miteinander einhergehen müssen. Die Ausschaltung des Wettbewerbs auf Regierungsebene funktioniert hier auch ohne „Kartellisierung" der Privilegien.

Betrachtet man nur die Wählerkonkurrenz, kann von einer Kartellbildung keine Rede sein. Hier bleiben die mit einer Regierungsübernahme oder -beteiligung verbundenen „Pfründe" so lukrativ, dass die Parteien nicht sonderlich interessiert sind, sie mit der Konkurrenz freiwillig zu teilen. Wenn die Volatilität des Stimmverhaltens zunimmt und die Parteien mit ähnlichen Programmen um dieselben Gruppen werben, nimmt die gegnerschaftliche Orientierung eher zu als ab. Auch auf der Angebotsseite dürfte es den Parteien kaum gelingen, den Wettbewerb so zu lenken, dass sie vor Abstürzen in der Wählergunst geschützt werden. Anders als Katz und Mair vermuten, haben sie z. B. wenig Möglichkeiten, auf die Berichterstattung der Medien „kontrollierend" Einfluss zu nehmen. Selbst in den öffentlich-rechtlichen Anstalten befinden sich ihre Vertreter heute auf dem Rückzug. Noch fraglicher ist schließlich, ob der bewusste Ausschluss bestimmter Themen von der politischen Agenda und das Aufkommen populistischer Herausforderer als Beleg für die Kartellthese taugen. Auf die Konkordanzdemokratien mag diese Annahme zutreffen, weil der Protest hier dezidiert auf die Kartellstrukturen abzielt. Für die gegnerschaftlich geprägten Systeme läuft sie dagegen ins Leere. Wenn die Kontrolle des Wettbewerbs mit dem Ziel erfolgt, das Ausbreiten lästiger Konkurrenz zu verhindern, wird die Kartellbildung durch die nachlassende Wählerunterstützung ja gerade widerlegt. Wäre die These richtig, müsste man den Parteien konsequenterweise empfehlen, bei der Themenwahl alle Skrupel fallenzulassen und ihre Wahlkämpfe ausschließlich am Prinzip der Stimmenmaximierung auszurichten. Damit würden sie sich allerdings politisch selbst aufgeben und den inhaltlichen Kern der Wettbewerbsidee vollends pervertieren.

10 Parteiendemokratie in der Legitimationskrise?

Der Gestaltwandel des Parteienwettbewerbs führt uns zur Krisendiagnose des ersten Kapitels zurück. Er bestätigt den ernüchternden Befund, wonach die Parteien ihrer repräsentativen Funktion immer weniger gerecht werden. Für eine „ständige lebendige Verbindung zwischen dem Volk und den Staatsorganen", wie es das deutsche Parteiengesetz formuliert, sorgen sie längst nicht mehr. Dies liegt zum einen daran, dass die natürlichen Wurzeln der Parteien in der Gesellschaft „ausgetrocknet" sind. Die lebensweltlichen Milieus, die die Bindungen der gesellschaftlichen Gruppen an die Parteien bis weit in die Volksparteienära hinein sicherstellten, gehören der Vergangenheit an. Mit ihnen haben sich zugleich die traditionellen Überzeugungen verschlissen, die es den Parteien lange Zeit ermöglichten, sinnstiftend zu wirken und eine klare Identität auszubilden. Der Bedarf an solchen Orientierungs- und Deutungsangeboten ist im postideologischen Zeitalter keineswegs verschwunden; den Parteien fällt es jedoch schwer, ihn durch eine weltanschauliche oder ideelle Unterfütterung ihrer Programmatik zu befriedigen – wenn sie es überhaupt noch darauf anlegen.

Auf der anderen Seite wächst die Unzufriedenheit mit den von der Politik erbrachten Leistungen. Die heute anstehenden Herausforderungen – Reorganisation des Wohlfahrtsstaates, ökologischer Umbau, Integration der Zuwanderer – teilen die Gesellschaft vermehrt in Gewinner und Verlierer, lassen sich also nicht mehr nach der Logik eines Positivsummenspiels bewältigen. Der Drang der Nach-Volksparteien zur politischen Mitte, den die Erosion ihrer Kernwählerschaft bewirkt, birgt vor diesem Hintergrund Brisanz. Erstens macht er die Parteien nicht geneigt, ausgerechnet denjenigen Gruppen Zumutungen aufzuerlegen, die das Gros ihrer potenziellen Wähler ausmachen. Und zweitens hält er sie davon ab, der Bevölkerung reinen Wein einzuschenken, falls solche Zumutungen doch unumgänglich sein sollten. Was passiert, wenn man die politische Richtung ständig verändert und die Wähler über den einzuschlagenden Kurs im Unklaren lässt, haben die Abstrafung der 2003 beschlossenen Agenda-Politik Gerhard Schröders und die Niederlagenserie von Union und FDP nach der Bundestagswahl 2009 gezeigt.

Die Legitimation des Parteienwettbewerbs gerät in den heutigen Demokratien damit doppelt unter Druck. Einerseits wächst die Gefahr, dass die Wähler den Widerspruch durchschauen, der sich zwischen dem Schauspiel auf der Bühne und den tatsächlichen Machtabläufen auftut. Dass sie auf die Versprechungen der Parteien selber hereinfallen, macht ihre Bereitschaft umso größer, es den Politikern heimzuzahlen, wenn später das böse Erwachen erfolgt. Andererseits wird die Regierungsfähigkeit durch die Stimmungsabhängigkeit der Politik erschwert. Die Parteien verhalten sich dann zwar vorderhand responsiver[20], tragen aber zugleich dazu bei, dass die Probleme liegen bleiben oder in anderen politischen Arenen bearbeitet werden müssen.

Der kritische Blick auf den Parteienwettbewerb unter Demokratiegesichtspunkten ist nicht neu. Schon Kirchheimer hatte die Transformation der Parteiensysteme und die Heraufkunft des *Catch-All Party*-Modells mit großer Sorge betrachtet. So sehr er die Integration der Massenparteien in das demokratische System als Leistung würdigte, so schmerzlich war ihm bewusst, dass gerade damit eine Schwächung der Repräsentationskraft der Parteien einhergehen würde. Indem sie versuchte, möglichst viele Bevölkerungsgruppen gleichzeitig zu erreichen, verzichtete die Allerweltspartei darauf, die Interessen bestimmter Bevölkerungsgruppen bevorzugt zu vertreten. Dies stellte aus Kirchheimers Sicht vor allem für die sozialdemokratischen und sozialistischen Parteien ein Problem dar, die sich als klassengebundene Massenparteien den Interessen solcher Bevölkerungsgruppen in besonderer Weise verpflichtet hatten.

Seine Befürchtungen gingen allerdings noch sehr viel weiter. In der Ausrichtung der *Catch-All*-Parteien an der politischen Mitte sah Kirchheimer die Gefahr einer Entleerung des politischen Wettbewerbs, der zu einem systematischen Verfall der Opposition führe. Statt für fundamentale politische Ziele zu streiten und die Wahl zu einer Richtungsentscheidung zu machen, träten die Parteien mit einem Angebot an die Wählerschaft heran, das sich nur noch in der Verpackung und im Personal von der Konkurrenz unterscheide. Kirchheimer betrachtete die Strategien der *Catch-All*-Parteien im Wählerwettbewerb als Produkt der modernen Konsumgesellschaft, das mit den Marketingstrategien von Wirtschaftsunternehmen vergleichbar sei. Die Wähler würden von den Parteien beschwichtigt und nicht

---

20 Unter Responsivität versteht man in der Demokratieforschung die Übereinstimmung des Regierungshandelns mit den Wählerpräferenzen.

mehr dazu angehalten, die Politik selbst zu gestalten (oder auf ihre Gestaltung Einfluss zu nehmen).

Der Apathie einer entpolitisierten Masse korrespondiert die allmähliche Verschmelzung der Parteien mit dem von ihnen „gemanagten" Staatsapparat. Als Symptom dafür galten Kirchheimer die Großen Koalitionen, die zum Entstehungszeitpunkt seines Aufsatzes in Österreich und Deutschland bestanden bzw. angebahnt wurden. Lange bevor die Kritik am Parteienstaat unter Staatsrechtslehrern und Politikwissenschaftlern in Mode kam, warnte er vor den Gefährdungen, die mit der Herausbildung solcher Kartellstrukturen verbunden waren. Das Vordringen der Parteien im Staat – so seine düstere Prognose – werde diese zum Machtmissbrauch einladen und die Gewaltenteilung zwischen Legislative, Exekutive und Judikative aushebeln.

Diese Voraussagen sollten sich – gottseidank – nicht bewahrheiten. Kirchheimers These hat nicht nur die unterschiedlichen Ausprägungen der Parteienstaatlichkeit in den einzelnen politischen Systemen übersehen, sondern auch die verbleibenden bzw. sich neu herausbildenden oppositionellen Gegengewichte und -bewegungen. Diese gehen erstens von einer kritischen Medienöffentlichkeit aus, die sich im Zusammenspiel mit der Parteipolitik auch plebiszitär entlädt. Zweitens zeigen sie sich im Bedeutungsgewinn des Verfassungsgerichts und anderer nicht parteilicher Vetospieler (einschließlich der supranationalen Institutionen), die im Zuge der Verrechtlichung von Entscheidungsprozessen der Politik in den Arm fallen und deren Handlungsspielraum begrenzen. Und drittens büßt der Parteienwettbewerb seine machtkontrollierende Wirkung nicht völlig ein, auch wenn die politikinhaltlichen Unterschiede zwischen den Parteien abnehmen und diese – im Bereich ihrer institutionellen Eigeninteressen – gelegentlich ein Kartell bilden. Von einer Gefährdung der Demokratie kann nur dort gesprochen werden, wo die politischen Akteure bestimmte Elemente des verfassungsstaatlichen Konsenses gezielt unterminieren. Die Erfahrungen nach der Machtbeteiligung bzw. -übernahme rechtspopulistischer Parteien in Österreich und insbesondere Italien haben gezeigt, dass solche Befürchtungen durchaus angebracht sind. Sie stehen aber nicht repräsentativ für die Mehrzahl der westeuropäischen Demokratien (Decker 2004: 271 ff.)

Die Stärkung der verfassungsstaatlichen Komponenten und die zunehmende Verlagerung der Regierungsprozesse in spezialisierte Gremien, in denen die Experten und Interessenten für den jeweiligen Politikbereich „unter sich" bleiben, hat freilich eine unschöne Kehrseite. Er mag zwar die

Regierungsfähigkeit erhöhen, entzieht die politischen Prozesse aber zugleich der demokratischen Kontrolle. Wie weit das inzwischen gehen kann, lässt sich z. B. an der Bewältigung der Finanz- und Euro-Krise ablesen. Hier wurden unter hohem Zeitdruck in einem kleinen Kreis von Regierungsvertretern und Spitzenbeamten Entscheidungen von ungeheurer ökonomischer und politischer Tragweite gefällt, die die nationalen Öffentlichkeiten, Parlamente und Verfassungsgerichte anschließend nur noch zur Kenntnis nehmen konnten. Über die Konsequenzen, die daraus zu ziehen sind, gibt es in der demokratietheoretischen Debatte noch keine wirklich zündende Idee. Angesichts des globalen Charakters der Probleme lassen sich die „postdemokratischen" Tendenzen des Regierens nicht einfach zurückdrehen. Es bleibt aber die Möglichkeit, ihnen durch Vitalisierung der alten und die Schaffung neuer demokratischer Beteiligungsformen zu begegnen (Crouch 2008).

Welche Rolle sollten und können die Parteien dabei spielen? Nicht wenige Autoren neigen dazu, die Parteien für ihre Misere selber verantwortlich zu machen. Hätten sie die eigene Identität besser gepflegt, ihre Markenkerne nicht leichtfertig verscherbelt und auf die Bedürfnisse der Kernwählerschaft stärker Rücksicht genommen – so heißt es dann oder wird es zumindest insinuiert –, wäre ihnen der elektorale Niedergang erspart geblieben (z. B. Walter 2008: 216 ff.). Richtig daran ist, dass die Akteursseite bei der Analyse des Wandels nicht ausgespart werden darf. Sie gewinnt gerade durch den Rückgang der natürlichen Parteibindungen zunehmende Bedeutung, der die Parteien zwingt, ihr Hauptaugenmerk bei der Wähleransprache auf die inhaltliche und personelle Aufstellung zu richten. Falsch wäre es aber, den Kontext der veränderten Wettbewerbsbedingungen bei der Strategiewahl außer Acht zu lassen. Wenn die Parteien ideologischen Ballast abwerfen, ihre Öffnung zur Mitte betreiben und sich ein modernes Outfit zulegen, tun sie das ja mit dem Ziel, eine weitere Erosion ihrer Wählerbasis zu verhindern. Diese wäre bei einem Festhalten an der Tradition sicher zu erwarten. Deshalb klingen Ratschläge wie der von Herfried Münkler (2010: 54) merkwürdig rückwärtsgewandt, die Parteien sollten sich wieder auf die großen Erzählungen besinnen, in denen man Ziele beschreibt „und von den Wegen dorthin berichtet". Diese Empfehlung würde gewiss jeder gerne unterschreiben. Sie dreht sich aber im Grunde im Kreis, da sie die strukturellen Ursachen ausblendet, die für das Verschwinden eben jener Narrative und damit für das Verharren der Parteien in der konturenlosen politischen Mitte verantwortlich sind (und die Münkler selbst benennt).

Eine realistische Reformdebatte der Parteiendemokratie, die nicht im „Voluntaristischen" befangen bleibt, muss von der Erkenntnis ausgehen, dass sich die demokratische Substanz der politischen Systeme heute immer weniger in den allgemeinen Wahlen erschöpft. Laut Pierre Rosanvallon (2010: 11) „stehen diese nur noch für eine bestimmte Form, die Regierenden zu berufen, und legitimieren nicht mehr a priori die später betriebene Politik." Die Parteien büßen dadurch ihre Vorrangstellung unter den demokratischen Institutionen ein. In der staatlichen Sphäre sind sie gezwungen, einen Teil ihrer repräsentativen Funktionen an unabhängige Behörden oder Verfassungsgerichte abzutreten, die über bessere „reflexive" Fähigkeiten verfügen und sich eher an Grundprinzipien und Langfristzielen orientieren als die gewählten Vertreter. Und in der gesellschaftlichen Sphäre werden sie mit der Tatsache konfrontiert, dass die Partizipation vermehrt außerhalb der Parteien – in Bürgerinitiativen, sozialen Bewegungen oder Nichtregierungsorganisationen – stattfindet, die Bürger also andere Formen und Kanäle der Einflussnahme vorziehen.

Ob die Parteien an beiden Fronten Terrain zurückgewinnen können, hängt maßgeblich von ihrer eigenen Reformfähigkeit ab. Passen sie sich als Organisation den neuen Gegebenheiten an und klammern sie sich nicht krampfhaft an überkommene Machtprivilegien, haben sie Chancen, ihre Funktionen in Gesellschaft und Staat neu zu beleben. Drei Anknüpfungspunkte einer Reformstrategie lassen sich benennen:

- *Bessere gesellschaftliche Vernetzung durch Öffnung für Nicht-Mitglieder.* Um die Beteiligungspotenziale der politischen interessierten Bürger zu heben, müssen die Parteien ihre Organisationsstrukturen flexibilisieren. Notwendig sind Partizipationsangebote von unterschiedlicher Intensität und Dauer jenseits der formalen Mitgliedschaft, die die Schwelle für eine Mitarbeit herabsetzen. Dies müsste mit einer Stärkung der lokalen Gliederungen einhergehen, die der wichtigste Adressat für mehr Bürgernähe bleiben. Die Öffnung der Organisation trüge der verbreiteten Neigung zum projektbezogenen Engagement Rechnung, das gerade viele junge Menschen vom Parteieintritt abhält. Indem sie Wissens- und Erfahrungsressourcen über den Kreis der Mitglieder und Funktionsträger erweitern, würde eine solche Öffnung für eine breitere gesellschaftliche Verankerung der Partei sorgen. Erleichtert wird die Vernetzung durch das Internet, das eine schnelle und umfassende interaktive Kommunikation ermöglicht. Nach Zusammensetzung und inhaltlicher Stoßrichtung lassen sich Kompetenz-, Konsens-, Diskurs-, Generationen- und Multiplikatorennetzwerke unterscheiden (Machnig 2001: 113).

Folgt man den Befürwortern des Öffnungskonzepts, dann sollen die in der Bürger- oder Netzwerkpartei versammelten Unterstützergruppen die traditionelle Mitgliederorganisation nicht verdrängen, sondern ergänzen. Wie das vorläufige Scheitern der Reformbemühungen in der SPD zeigt, bleibt ihre Integration in die gewachsenen Strukturen aber eine heikle Aufgabe. Die Beteiligung von Nicht-Mitgliedern an der innerparteilichen Willensbildung könnte bei den Mitgliedern Abwehrreflexe wecken. Umgekehrt werden es sich die Nicht-Mitglieder und potenziellen Unterstützergruppen auf Dauer nicht gefallen lassen, wenn über die Resultate ihrer inhaltlichen Arbeit am Ende andere entscheiden.

- *Innerparteiliche Demokratisierung durch Urwahlen und Mitgliederentscheide.* Eine Antwort auf das zuletzt genannte Problem könnte darin liegen, dass man die Beteiligungsrechte der Basis insgesamt ausweitet. Das heißt: Urwahlen und Mitgliederentscheide sollten nicht mehr nur sporadisch und nach Gutdünken der Parteiführungen eingesetzt werden, sondern feste Regel sein. Dabei könnte man innerhalb der Organisation Abstufungen vornehmen. Bestimmte Entscheidungen wären ausschließlich den Mitgliedern vorbehalten, während andere – nach dem Vorbild der US-amerikanischen Vorwahlen – auch Nicht-Mitgliedern oder Unterstützern offen stünden.

Erweiterte Beteiligungsrechte setzen auf eine Aktivierung der Mitgliederorganisation. Insofern verfolgen sie einen anderen Ansatz als die professionelle Wählerpartei, die darauf ausgelegt ist, die Parteibasis durch direkte Kommunikation mit den Wählern zu umgehen. Wenn die Mitglieder Führung und Spitzenkandidaten selbst wählen und auch über die inhaltliche Richtung und Strategie der Partei mitentscheiden dürfen, müsste die Parteispitze sie auf ähnliche Weise ansprechen und zu überzeugen versuchen wie die Wähler. Dies würde nicht nur die Rolle der Mitglieder aufwerten, sondern wäre auch unter Wettbewerbsgesichtspunkten von Vorteil, weil die Parteien durch die plebiszitären Kampagnen mehr öffentliche Aufmerksamkeit erlangen.

Verglichen mit der Entwicklung in anderen Ländern sind die Erfahrungen der deutschen Parteien mit Urwahlen und Mitgliederentscheiden nicht sonderlich ermutigend. Dies liegt freilich in erster Linie daran, dass man bei ihrer Einführung einen äußerst defensiven Ansatz verfolgt hat. Die Satzungsänderungen wurden nur halbherzig betrieben und bislang kaum mit Leben gefüllt. Außerdem scheint der Druck von unten in dieser Frage nicht sehr groß zu sein, auch wenn eine klare Mehrheit der Mitglieder die Ausweitung der Beteiligungsrechte begrüßt. Ob von den jüngsten, aufgrund ihrer hohen Mobilisierungswirkung überwiegend positiv bewerteten Mitgliederentscheiden in Nordrhein-Westfalen (Landesvorsitz der CDU) und Schleswig-Holstein (Spitzenkandidatur der SPD für die Landtagswahl) ein Schub ausgeht, bleibt abzuwarten.

- *Ergänzung der Wettbewerbsdemokratie durch Volksabstimmungen.* Eine andere Möglichkeit, mit den plebiszitären Tendenzen umzugehen, besteht darin, sie innerhalb der staatlichen Sphäre von der elektoralen in eine andere Wettbewerbsarena zu verschieben. Wenn die Wahlen in den parlamentarischen Parteiendemokratien an legitimierender Kraft einbüßen, dann erscheint die Einführung von zusätzlichen Formen der Abstimmungsdemokratie folgerichtig. Die Bürger hätten dann die Chance, über bestimmte Sachfragen außerhalb der Wahlauseinandersetzung direkt zu entscheiden.

Welche Rolle die Parteien in diesem Prozess spielen, hängt von der Ausgestaltung der plebiszitären Verfahren sowie vom jeweiligen Entscheidungsgegenstand ab. Bei einem von oben (durch Regierung oder Parlament) angesetzten Referendum liegt die Vermutung nahe, dass die Parteien in der fraglichen Angelegenheit intern zerstritten sind und diese gerade deshalb an das Volk weiterreichen wollen. In einer solchen Situation könnten sie sich aus dem Abstimmungskampf weitgehend heraushalten. Handelt es sich dagegen um eine Initiative, die vom Volk selbst ausgeht, würden sie vermutlich Position beziehen und Einfluss auf die Kampagne nehmen. Die Parteien büßen ihre Rolle als Willensbildungsorgane durch die direkte Demokratie also nicht ein.

Deutlich modifiziert wird dagegen das Wettbewerbsprinzip. Während die einzelnen Abstimmungskampagnen durchaus heiß umkämpft sein können, wirken die direktdemokratischen Verfahren in ihrer Gesamtheit eher in Richtung Konsens und Interessenausgleich. Dies gilt insbesondere dort, wo sie als Initiativrechte im politischen System eine potenzielle Vetofunktion ausüben. Insofern drängt sich die Frage auf, ob nicht gerade die Plebiszite ein geeignetes Mittel sein könnten, um die Legitimationsprobleme des Parteienwettbewerbs aufzufangen. Dessen inhaltliche Entleerung bleibt ja ein nahezu ausschließliches Phänomen der Wahlen bzw. Wahlkämpfe, in denen sich die populistische Stimmungspolitik heute weitgehend unkontrolliert entfaltet. In einem direktdemokratischen Verfahren würde das schon wegen der einzuhaltenden Fristen nicht funktionieren. Die Volksrechte könnten von daher zumindest in Teilbereichen dazu beitragen, die politische Auseinandersetzung zu versachlichen. Damit würden sie zugleich dem populären Missverständnis entgegenwirken, wonach „Parteipolitik" und „Sachpolitik" getrennte Welten seien. Dieses Missverständnis, in dem die Traditionen eines vordemokratischen Denkens nachwirken, hat zu der anhaltenden Geringschätzung der Parteien in der deutschen politischen Kultur beigetragen. Die Parteien reagieren darauf mit steigender Verunsicherung. Weil sie den Zorn ihrer Wähler fürchten, machen sie sich vor der oftmals maßlosen Kritik, die ihnen von Seiten der Medien entgegenschlägt, kleiner als nötig (Blome 2011). Gleichzeitig igeln sie sich in den Strukturen der eigenen Organisation und des zwischenparteilichen Wettbewerbs ein, statt diese für zusätzliche Beteiligungsformen zu öffnen. Dabei sind die Integrationsleistungen der Parteien als Willensbildungsorgane, ihre Fähigkeit, die Interessen verschiedener gesellschaftlicher Gruppen abzugleichen und programmatisch zusammenzubinden, heute mehr denn je gefordert. Dies gilt zumal für die Volksparteien. Deren große Zeit mag zwar vorbei sein. Der von ihnen verkörperte umfassende Vertretungsanspruch bleibt jedoch gerade unter den Bedingungen wachsender sozialer und kultureller Gegensätze aktuell.

11 Literaturhinweise

Alemann, Ulrich von (1999), Der Wahlsieg der SPD von 1998: Politische Achsenverschiebung oder glücklicher Ausreißer?, in: Oskar Niedermayer (Hg.), Die Parteien nach der Bundestagswahl 1998, Opladen, S. 37–62.

Alemann, Ulrich von (2010), Das Parteiensystem der Bundesrepublik Deutschland, 4. Aufl., Wiesbaden.

Arnim, Hans Herbert von (2001), Das System. Die Machenschaften der Macht, München.

Beyme, Klaus von (1982), Parteien in westlichen Demokratien, München.

Beyme, Klaus von (2001), Funktionenwandel der Parteien in der Entwicklung von der Massenmitgliederpartei zur Partei der Berufspolitiker, in: Oscar W. Gabriel/Oskar Niedermayer/Richard Stöss (Hg.), Parteiendemokratie in Deutschland, Bonn, S. 315–339.

Blome, Nikolaus (2011), Der kleine Wählerhasser. Was Politiker wirklich über die Bürger denken, München.

Bösch, Frank (2001), Die Adenauer-CDU. Gründung, Aufstieg und Krise einer Erfolgspartei 1945 – 1969, Stuttgart/München.

Canovan, Margaret (2002), Taking Politics to the People. Populism and the Identity of Democracy, in: Yves Mény/Yves Surel (Hg.), Democracies and the Populist Challenge, Houndmills/New York, S. 25–44.

Crouch, Colin (2008), Postdemokratie, Frankfurt a. M.

Decker, Frank (2004), Der neue Rechtspopulismus, 2. Aufl., Wiesbaden.

Decker, Frank (2006), Höhere Volatiliät bei Landtagswahlen? Die Bedeutung bundespolitischer „Zwischenwahlen", in: Eckhard Jesse/Roland Sturm (Hg.), Bilanz der Bundestagswahl 2005, München, S. 259–279.

Decker, Frank (2009), Koalitionsaussagen der Parteien vor Wahlen. Eine Forschungsskizze im Kontext des deutschen Regierungssystems, in: Zeitschrift für Parlamentsfragen 40 (2), S. 431–453.

Decker, Frank/Florian Hartleb (2006), Populismus auf schwierigem Terrain. Die rechten und linken Herausfordererparteien in der Bundesrepublik, in: Frank Decker (Hg.), Populismus in Europa, Bonn, S. 191–215.

Decker, Frank/Viola Neu, Hg. (2007), Handbuch der deutschen Parteien, Bonn.

Dürr, Tobias (2005), Bewegung und Beharrung. Deutschlands künftiges Parteiensystem, in: Aus Politik und Zeitgeschichte B 32–33, S. 31–38.

Duverger, Maurice (1959), Die politischen Parteien, Tübingen.

Eilfort, Michael, Hg. (2004), Parteien in Baden-Württemberg, Stuttgart.

Enyedi, Zsolt (2008), The Social and Attitudinal Basis of Political Parties: Cleavage Politics Revisited, in: European Review 16 (3), S. 287–304.

Falter, Jürgen W./Harald Schoen, Hg. (2005), Handbuch Wahlforschung, Wiesbaden.

Gabriel, Oscar W. (2010), Politische Milieus. Individualisierung und der Wandel der Strukturen des Parteienwettbewerbs in Deutschland, in: Politische Bildung 43 (1), S. 9–23.

Gabriel, Oscar W./Everhard Holtmann (2010), Der Parteienstaat – ein immerwährendes demokratisches Ärgernis? Ideologiekritische und empirische Anmerkungen zu einer aktuellen Debatte, in: Zeitschrift für Politik 57 (3), S. 307–328.

Gabriel, Oscar W./Oskar Niedermayer/Richard Stöss, Hg. (2001), Parteiendemokratie in Deutschland, 2. Aufl., Bonn.

Gluchowski, Peter/Ulrich von Wilamowitz-Moellendorff (1997), Sozialstrukturelle Grundlagen des Parteienwettbewerbs in der Bundesrepublik Deutschland, in: Oscar W. Gabriel/Oskar Niedermayer/Richard Stöss (Hg.), Parteiendemokratie in Deutschland, Bonn, S. 179–208.

Helms, Ludger (2008), Konvergenz- und Divergenzaspekte der Parteiensystementwicklung in der Ära der Europäisierung: Ost- und Westeuropa im Vergleich, in: Österreichische Zeitschrift für Politikwissenschaft 37 (1), S. 11–27.

Hennis, Wilhelm (1992), Der „Parteienstaat" des Grundgesetzes. Eine gelungene Erfindung, in: Gunter Hofmann/Werner A. Perger (Hg.), Die Kontroverse. Weizsäckers Parteienkritik in der Diskussion, Frankfurt a. M., S. 25–50.

Inglehart, Ronald (1977), The Silent Revolution. Changing Values and Political Styles among Western Publics, Princeton.

Jesse, Eckhard (2001), Die Parteien im westlichen Deutschland von 1945 bis zur deutschen Einheit 1990, in: Oscar W. Gabriel/Oskar Niedermayer/Richard Stöss (Hg.), Parteiendemokratie in Deutschland, 2. Aufl., Bonn, S. 59–83.

Jesse, Eckhard/Eckart Klein, Hg. (2007), Das Parteienspektrum im vereinigten Deutschland, Berlin.

Jun, Uwe (2004), Der Wandel von Parteien in der Mediendemokratie. SPD und Labour Party im Vergleich, Frankfurt a. M.

Jun, Uwe (2006), Populismus als Regierungsstil in westeuropäischen Parteiendemokratien. Deutschland, Frankreich und Großbritannien, in: Frank Decker (Hg.), Populismus in Europa, Bonn, S. 233–254.

Jun, Uwe/Melanie Haas/Oskar Niedermayer, Hg. (2008), Parteien und Parteiensysteme in den deutschen Ländern, Wiesbaden.

Katz, Richard S./William Crotty, Hg. (2006), Handbook of Party Politics, London.

Katz, Richard S./Peter Mair (1995), Changing Models of Party Organization and Party Democracy. The Emergence of the Cartel Party, in: Party Politics 1 (1), S. 5–28.

Kirchheimer, Otto (1965), Der Wandel des westeuropäischen Parteiensystems, in: Politische Vierteljahresschrift 6 (1), S. 20–41.

Klein, Markus/Jürgen W. Falter (2003), Der lange Weg der Grünen. Eine Partei zwischen Protest und Regierung, München.

Köhler, Jan (2006), Parteien im Wettbewerb. Zu den Wettbewerbschancen nicht-etablierter politischer Parteien im Rechtssystem der Bundesrepublik Deutschland, Baden-Baden.

Koole, Ruud (1996), Cadre, Catch-All or Cartel? A Comment on the Notion of Cartel Party, in: Party Politics 2 (4), S. 507–523.

Kost, Andreas/Werner Rellecke/ Reinhold Weber, Hg. (2010), Parteien in den deutschen Ländern. Geschichte und Gegenwart, München.

Laakso, Markku/Rein Taagepera (1979), „Effective" Number of Parties. A Measure with Application to West Europe, in: Comparative Political Studies 12 (1), S. 3–27.

Leibholz, Gerhard (1967), Strukturprobleme der modernen Demokratie, 3. Aufl., Karlsruhe.

Lepsius, M. Rainer (1966), Parteiensystem und Sozialstruktur: zum Problem der Demokratisierung der deutschen Gesellschaft, in: Wilhelm Abel u. a. (Hg.), Wirtschaft, Geschichte und Wirtschaftsgeschichte, Stuttgart, S. 371–393.

Lijphart, Arend (1999), Patterns of Democracy. Government Forms and Performance in Thirty-Six Countries, New Haven/London.

Lipset, Seymour Martin/Stein Rokkan, Hg. (1967), Party Systems and Voter Alignments. Cross-National Perspectives, New York.

Lösche, Peter (2010), Sozialmoralische Milieus und politische Lager, in: Forschungsjournal Neue Soziale Bewegungen 23 (1), S. 21–23.

Lösche, Peter/Franz Walter (1992), Die SPD. Klassenpartei – Volkspartei – Quotenpartei, Darmstadt.

Lucardie, Paul (2000), Prophets, Purifiers and Prolocutors. Towards a Theory on the Emergence of New Parties, in: Party Politics 6 (2), S. 175–185.

Machnig, Matthias (2001), Vom Tanker zur Flotte. Die SPD als Volkspartei und Mitgliederpartei von morgen, in: ders./Hans-Peter Bartels (Hg.), Der rasende Tanker, Göttingen, S. 101–117.

Mair, Peter (1997), Party System Change. Approaches and Interpretations, Oxford.

Mende, Silke (2011), „Nicht rechts, nicht links, sondern vorn". Eine Geschichte der Gründungsgrünen, München.

Meyer, Hans (1987), Demokratische Wahl und Wahlsystem, in: Josef Isensee/ Paul Kirchhof (Hg.), Handbuch des Staatsrechts der Bundesrepublik Deutschland. Band II, Heidelberg, S. 249–267.

Meyer, Thomas (2001), Mediokratie. Die Klonialisierung der Politik durch das Mediensystem, Frankfurt a. M.

Michels, Robert (1911), Zur Soziologie des Parteiwesens in der modernen Demokratie. Untersuchungen zu den oligarchischen Tendenzen des Gruppenlebens, Leipzig.

Mouffe, Chantal (2007), Über das Politische. Wider die kosmopolitische Illusion, Frankfurt a. M.

Münkler, Herfried (2010), Regierungsversagen, Staatsversagen und die Krise der Demokratie, in: Berliner Republik 11 (5) S. 48–55.

Murswieck, Axel (1991), Die Notwendigkeit der Parteien für die funktionelle Integration der Regierungsgeschäfte, in: Hans-Hermann Hartwich/Göttrik Wewer (Hg.), Regieren in der Bundesrepublik III. Systemsteuerung und „Staatskunst", Opladen, S. 119–129.

Niclauß, Karlheinz (2002), Das Parteiensystem der Bundesrepublik Deutschland. Eine Einführung, 2. Aufl., Paderborn u. a.

Niedermayer, Oskar (1996), Zur systematischen Analyse der Entwicklung von Parteiensystemen, in: Oscar W. Gabriel/Jürgen W. Falter (Hg.), Wahlen und politische Einstellungen in westlichen Demokratien, Frankfurt a. M., S. 19–49.

Niedermayer, Oskar (2010a), Konvergenz oder andauernde Diversität? Die strukturelle Entwicklung der europäischen Parteiensysteme 1990–2010, in: Zeitschrift für Staats- und Europawissenschaften 8 (3), 340–357.

Niedermayer, Oskar (2010b), Von der Zweiparteiendominanz zum Pluralismus: Die Entwicklung des deutschen Parteiensystems im westeuropäischen Vergleich: in: Politische Vierteljahresschrift 51 (1), S. 1–13.

Niedermayer, Oskar, Hg. (2012), Handbuch Parteienforschung, Wiesbaden (in Vorbereitung).

Nohlen, Dieter (2009), Wahlrecht und Parteiensystem. Zur Theorie und Empirie der Wahlsysteme, 6. Aufl., Opladen/Farmington Hills.

Ostrogorski, Moissei (1902), Democracy and the Organization of Political Parties, New York.

Panebianco, Angelo (1988), Political Parties. Organization and Power, Cambridge.

Pappi, Franz Urban (1992), Art. "Konfliktlinien", in: Manfred G. Schmidt (Hg.), Die westlichen Länder (Lexikon der Politik, hgg. von Dieter Nohlen, Band 3), München, S. 191–199.

Pappi, Franz Urban (2002), Die politisierte Sozialstruktur heute. Historische Reminiszenz oder aktuelles Erklärungspotenzial, in: Frank Brettschneider/ Jan van Deth/Edeltraud Roller (Hg.), Das Ende der politisierten Sozialstruktur?, Opladen, S. 25–46.

Poguntke, Thomas (2000), Parteiorganisation im Wandel. Gesellschaftliche Verankerung und organisatorische Anpassung im europäischen Vergleich, Wiesbaden.

Poier, Klaus (2009), Wahlsysteme im internationalen Vergleich – Ein Überblick, in: ders. (Hg.), Demokratie im Umbruch: Perspektiven einer Wahlrechtsreform, Wien u. a., S. 41–73.

Raschke, Joachim/Ralf Tils (2007), Politische Strategie. Eine Grundlegung, Wiesbaden.

Rohe, Karl (1992), Wahlen und Wählertraditionen in Deutschland. Kulturelle Grundlagen deutscher Parteien und Parteiensysteme im 19. und 20. Jahrhundert, Frankfurt a. M.

Rokkan, Stein (1980), Eine Familie von Modellen für die vergleichende Geschichte Europas, in: Zeitschrift für Soziologie 9 (2), S. 118–128.

Rosanvallon, Pierre (2010), Demokratische Legitimität. Unparteilichkeit – Reflexivität – Nähe, Hamburg.

Sartori, Giovanni (1976), Parties and Party Systems. A Framework for Analysis, Cambridge.

Schmid, Josef (1990), Die CDU. Organisationsstrukturen, Politiken und Funktionsweise einer Partei im Föderalismus, Opladen.

Schmidt, Manfred G. (2010), Art. „Partei", in: ders., Wörterbuch zur Politik, 3. Aufl., Stuttgart, S. 577–579.

Spier, Tim (2010), Modernisierungsverlierer? Die Wählerschaft rechtspopulistischer Parteien in Europa, Wiesbaden.

Spier, Tim u. a., Hg. (2007), Die Linkspartei. Zeitgemäße Idee oder Bündnis ohne Zukunft?, Wiesbaden.

Stammer, Otto (1969), Art. „Politische Parteien", in: Wilhelm Bernsdorf (Hg.), Wörterbuch der Soziologie, 2. Aufl., Stuttgart, S. 811–814.

Steffani, Winfried (1988), Parteien als soziale Organisationen. Zur politologischen Parteienanalyse, in: Zeitschrift für Parlamentsfragen 19 (4), S. 549–560.

Stöss, Richard (1983), Struktur und Entwicklung des Parteiensystems in der Bundesrepublik – Eine Theorie, in: ders. (Hg.), Parteien-Handbuch. Band 1, Opladen, S. 17–309.

Stöss, Richard/Melanie Haas/Oskar Niedermayer (2006), Parteiensysteme in Westeuropa: Stabilität und Wandel, in: dies. (Hg.), Die Parteiensysteme Westeuropas, Wiesbaden, S. 7–37.

Strøm, Kaare (1990), A Behavioral Theory of Competitive Political Parties, in: American Journal of Political Science 34 (2), S. 535–598.

Walter, Franz (2008), Baustelle Deutschland. Politik ohne Lagerbindung, Frankfurt a. M.

Ware, Alan (1996), Political Parties and Party Systems, Oxford/New York.

Weber, Max [1922], Wirtschaft und Gesellschaft. Grundriss der verstehenden Soziologie, 4. Aufl., Tübingen 1956.

Wiesendahl, Elmar (1980), Parteien und Demokratie. Eine soziologische Analyse paradigmatischer Ansätze der Parteienforschung, Opladen.

Wiesendahl, Elmar (1992), Volksparteien im Abstieg. Nachruf auf eine zwiespältige Erfolgsgeschichte, in: Aus Politik und Zeitgeschichte B 34–35, S. 3–14.

Wiesendahl, Elmar (2006), Parteien, Frankfurt a. M.

BRENN PUNKT P●LITIK

Aktuelle Tagespolitik und seriöse politische Wissenschaft, beide Felder wird die neue Reihe „Brennpunkt Politik" in verständlicher Darstellung einem breiten Publikum vermitteln. Die drei Felder politischen Handelns und Untersuchungsgegenstand der modernen Politikwissenschaft sind die aktive Partizipation am aktuellen politischen Geschehen und die Vermittlung politischer Bildung (z. B. im Gemeinschaftskundeunterricht). Die Gliederung der Reihe orientiert sich dabei zum einen an der Grundstruktur des Faches an Universitäten, zum anderen werden Themen der politischen Bildung aufgegriffen und erklärt.

Erschienene Bände:

Frank Decker

Parteien und Parteiensysteme in Deutschland

2011. 132 Seiten. Kart. € 14,90
ISBN 978-3-17-021493-4

Bände in Vorbereitung:

Gert Mielke

Wahlforschung

Marcus Höreth

Verfassungsgerichtbarkeit in der Bundesrepublik Deutschland

Ursula Münch

Das politische System der BRD und seine Veränderungen nach der Wiedervereinigung

Daniel Buhr

Wirtschaftspolitik
Eine Einführung

Uwe Wagschal

Spannungsfelder der Vergleichenden Regierungslehre

Gisela Riescher

Spannungsfelder der Politischen Theorie

W. Kohlhammer GmbH · 70549 Stuttgart
Tel. 0711/7863 - 7280 · Fax 0711/7863 - 8430

Kohlhammer